盈利
破局

杨强 编著

群言出版社
QUNYAN PRESS
·北京·

图书在版编目（CIP）数据

盈利破局 / 杨强编著 . -- 北京：群言出版社，
2025. 5. -- ISBN 978-7-5193-1084-4

Ⅰ . F715. 5

中国国家版本馆 CIP 数据核字第 20259HL426 号

责任编辑：孙华硕
封面设计：乔景香

出版发行：群言出版社
地　　址：北京市东城区东厂胡同北巷 1 号（100006）
网　　址：www.qypublish.com（官网书城）
电子信箱：qunyancbs@126.com
联系电话：010-65267783　　65263836
法律顾问：北京法政安邦律师事务所
经　　销：全国新华书店

印　　刷：三河市冠宏印刷装订有限公司
版　　次：2025 年 5 月第 1 版
印　　次：2025 年 5 月第 1 次印刷
开　　本：710mm×1000mm　　1/16
印　　张：10
字　　数：124 千字
书　　号：ISBN 978-7-5193-1084-4
定　　价：59.80 元

序　言

破局，从困境到突破

在这个瞬息万变的互联网时代，创业者们面临着前所未有的机遇和挑战，要在激烈的市场竞争、快速迭代的技术手段、不断变化的用户需求中找到能让企业和团队生存下去的路，无疑是一种考验。当外部环境的挑战越来越大，很多低成本、小规模的企业越来越容易在发展过程中陷入困境，难以找到突破口，很难实现长期稳定的健康盈利。

《盈利破局》这本书，正是为在困境中挣扎的企业所有者和创业者们量身打造的实战指南。盈利破局，就是从困境中破局，突破自己过去的思维禁锢，打破以往的经营理念，跳出竞争过度的市场赛道，用改变来破局，实现盈利。无论你现在处于什么困境，只要方法得当，思路清晰，就能找到属于自己的突破之道。

破局的第一步，是转变思维。市场是复杂而多变的，没有固定的正确答案，想要做出尽量正确的决策，少给市场"交学费"，就不能只看别人怎样做，而是要懂得别人怎样想。只有思维正确了，才能在遭遇各种情境时做出正确判断。

破局的第二步，是选对赛道。最开始的选择可能胜过未来长久的努力，值得我们花时间去研究。找到一条更顺的道路，盈利就不是难题。

破局的第三步，是产品为王。经得起市场检验的产品才是好的产品。了解用户、做好产品，企业才能有持久健康的盈利能力。

破局的第四步，是打造好的团队。稳定的团队才能稳住后方，让企业运营变得健康。任何能盈利的团队，内部都能拧成一股绳，所有成员都向着一处使劲儿。

破局的第五步，是对外营销。没有破圈的名声，就站不稳盈利的位置。任何时候宣传自己都不是丢人的事情，而商业市场上更是"酒香也怕巷子深"，好产品加好营销，才是一套有效的"组合拳"。

破局的第六步，是加强企业的运营。高效的产业链管理能让成本大大降低，也就是变相实现了盈利最大化。做好运营也是防范风险，让产品能稳住自己破局的优势。

破局的第七步，是重视财务管理。盈利不只是会赚钱，还要会管钱。好的财务规划能让企业的现金流变得更健康，为企业运营保驾护航。

破局的第八步，是持续增长，永远不要停下自己向着盈利目标前进的脚步。从当下最先进的技术、最活跃的领域、最广阔的市场中寻求增长的机会，才能拥有长久盈利的可能。

本书中，我们会深入探讨如何在有限的资源和充满挑战性的环境下，最大化利用现有的资源优势，通过创新的商业模式、精准的市场定位和有效的运营策略，实现企业的健康发展和持续盈利。本书不仅仅是一本理论书籍，更是一本实战手册，将从实际操作出发，带领创业者一步步走出困境、找到突破口，实现盈利。无论是刚刚起步的创业新手，还是已经在市场中摸爬滚打多年的老手，都能从中找到有价值的启示和实用的技巧。

让我们一起踏上这段从困境到突破的旅程，迎接挑战，抓住机遇，实现盈利破局，成就梦想。

目　录

第一章

思维破局，实现突围

第一节

创新思维：多走一步才能超越竞争者

■ ■ ■

在互联网时代，信息传播速度快、模仿成本低，几乎每一个成功的商业模式都会迅速被复制。在这种情况下，我们如何才能保持竞争优势，实现持续盈利？答案在于创新思维。只有不断创新，才能在激烈的市场竞争中占据一席之地。创新思维不仅仅是技术上的突破，更是思维方式、商业模式和运营策略的全方位革新。多走一步，往往能带来意想不到的效果，帮助我们超越竞争者，实现盈利破局。

拼多多成功的关键就在于创新，它证明了，再成熟的市场，也一定还有我们没发现的机会。与传统电商巨头（如淘宝和京东）相比，拼多多进入市场较晚。然而，通过创新的商业模式和市场策略，拼多多以其独特的"社交电商"模式站稳了脚跟。

在拼多多，通过拼团购买的形式，用户可以邀请朋友一起购买商品，以获得更低的价格。这种模式不仅降低了用户的购买成本，还利用了社交网络的传播效应，迅速扩大了用户基础。此外，拼多多还通过创新的游戏化营销策略，推广"砍一刀"活动，既能鼓励用户将网站分享给朋友，又增强了用户的参与感和黏性。这些创新思维的应用，使拼多多在激烈的市场竞争中脱颖而出，成功破局突围，甚至隐隐有后来居上的势头。

所以，当我们无法盈利时，再沿用过去的思维和模式继续做产品、做企业，一定很难突破，因为人人都已经开始这么做了。这时，先不要急着抱怨是不是市场已经没有机会了，而是要想一想，是不是还有一些机会是我们没有发现的，用创新思维发现一条新的道路。

1. 从问题中创新，留意那些让用户困惑的信号

我们需要刻意练习观察日常生活和工作中的细节，记录下每一个引起自己注意的现象或问题。比如，在购物过程中，注意到用户在选择商品时的困惑，可能会发现改进产品展示方式的机会。

在我的小区中，曾经先后开过四家小型超市，最终只有一家坚持了下来，并且越开越大，现在已经成了附近小区最大的综合超市。这家超市的老板非常聪明，他没有用固定的思维去经营超市，而是根据顾客的需求来调整经营策略。

超市刚开时，蔬菜和水果区域都在离门较远的地方，被其他零食区域挡住了。小区里住户多是中老年人和小夫妻，他们有买菜做饭的需求，因此经常有人询问老板"水果在哪里""蔬菜在哪里"，老板于是立刻调整了陈列，将它们放在最醒目的地方。这样一来，原本路过门口没看到蔬菜水果就要走的顾客，现在也顺理成章地走了进来。

后来，经常有人问老板"卖不卖鲜肉""能不能收发快递"，老板发现小区还没有比较大的肉店和快递点，很快又安排上了这两个服务。有时，想取快递又要买东西的人，就会选择在他这里直接买齐。所以，他的超市靠着不断创新迭代，越做越大。

问题不是麻烦，而是创新的来源。我们可以从多种渠道收集用户的建议，深入了解他们的需求，通过数据分析来发现那些隐藏的市场需求，这就是创新的来源。

2. 从讨论中创新，发挥团队的作用

创新是需要在讨论和碰撞当中产生的，一个人的想法终究有一定局限性，因此要依靠团队的力量去创新。可以经常组织团队进行头脑风暴，鼓励每个人提出各种可能的解决方案，通过集思广益，发现更多的商机。

3. 从落实中创新，想到就要去做到

创新思维不能仅仅停留在想法层面，也要有实际的行动。我们能想到的，别人也能想到，如果别人去做了而我们不去做，他就会比我们走得更快。所以，一旦发现了商机，就要制订详细的实施计划，包括目标、步骤、资源分配和时间节点，尽快落实下去。同时充分利用现有资源，并根据需要引入外部资源，建立合作伙伴关系，共同推动创新想法的落地。例如，拼多多与微信的合作，就迅速扩大了用户基础，从而实现快速增长。

4. 创新思维就是永远想怎么可以做得更好

创新思维是永不停止的。善于创新的创业者不会因为短时间的盈利和优势就停下来，而是建立持续改进机制，定期回顾和评估自己的产品和服

务的表现，不断优化和迭代。比如，拼多多就通过不断优化拼团和游戏化营销的策略，增强用户黏性。

竞争是动态的，你在进步，别人也在进步。所以做产品时一定要想"怎么能做得更好"，多去关注用户不满意的地方、产品有缺陷的地方，然后去提升和改进。

有了创新思维，我们就能实现"寻找商机、落实商机、不断改进"的闭环。创新思维是我们实现盈利的关键，也是超越竞争者的重要手段，多走一步，你才能看见不一样的风景。

第二节

逆向思维：想赚钱先了解去哪花钱

■ ■ ■

在商业竞争中，很多企业往往从自身的产品和服务出发，试图找到市场切入点，然而，这种方法有时会忽略消费者的真实需求。逆向思维则要求我们从消费者的角度出发，了解他们的花钱习惯和消费需求，从而找到潜在的商机。也就是说，盈利和消费是一对双胞胎，想赚钱，就要先了解去哪里花钱。

小红书作为当下最火热的社交电商平台，通过用户生成内容（UGC）和社区互动，吸引了大量年轻用户。小红书的成功离不开逆向思维的应用，一开始，它的定位是一个互动社区，大量用户也是将其当作"好物种草平台"来使用。当这种分享消费的内容达到一定体量之后，小红书就可以通过分析用户的消费轨迹和购物心得，了解用户的消费习惯和需求，推荐相关产品，从而实现从纯社交平台到社交电商平台的转型，给自己带来大量收益，形成了一个闭环的消费生态系统。

小红书就是典型的逆向思维，它不像大量的电商平台，从一开始就定位好，按照商家、消费者等角色泾渭分明地划分服务对象，而更像是根据消费者的需求自然孵化出来的。前期，它几乎只关注消费端，因为平台用户大多数是消费者，而大家在讨论和交流的过程中，对产品的理解越来越深刻，对自身需求的认识也越来越明确。这自然能够吸引商家入驻，或者将部分消费者直接转化为新的商家。

所以，想赚钱盈利，先不要急着站在自身的角度想应该怎么卖货，而是要从花钱的角度去看商家怎样才能吸引自己消费。有的商家用卖货思维打造了一些连自己都不想买的商品，又怎么能强求市场买单呢？只有思维破局，逆向审视自己的产品和服务，才能找到改进的地方。

1. 想赚钱，先了解消费者花钱的习惯

进入互联网时代，赚钱一定要有数据思维。利用大数据分析消费者的购买行为和消费习惯，在了解了消费者什么时候愿意花钱、愿意在什么地方花钱之后，我们才能赚到钱。比如，小红书就通过用户发布的购物心得和评价了解用户的真实需求，当大量用户都在发送类似产品的评价时，平台就能精准地提取该用户群体的喜好，从而总结出大多数人的消费倾向。

我们可以通过社交媒体上的这些数据，帮助自己的团队构建详细的用户画像，了解不同消费群体的特征和需求。利用用户画像，我们可以更精准地定位市场，推出符合目标用户需求的产品和服务。

我认识一位非常成功的网络小说作者，他不仅小说写得很好，也善于根据读者喜好来推广自己。刚开始写小说时，他就经常跟踪点击量和订阅数据。跟踪一段时间后，他拉取了点击量和时间的图表，发现早高

峰上班时间、下班时间和睡前是小说点击率最高的时候。再参考一些读者留言，他发现自己这本小说的受众是上班族居多。

所以，他将自己的更新时间也进行了调整，在每天下班时和睡前更新。这也是大多数读者有空看小说的时候。这时读者只要一登录小说平台，就会看到他的新章节排在"最新更新"榜单的最前面，自然而然就会点击阅读。哪怕原本对他的小说不是非常感兴趣的人，也会下意识拿他的小说来打发时间，他的小说数据因此变得更好了。

哪怕是写小说，也不仅仅是靠内容取胜，同样要考虑数据及其背后所代表的用户群体的习惯，了解他们更愿意在什么时候订阅、订阅的动机是什么。所以，才会有很多人说，好的网络文学作者首先是读者，只有懂得读者想看什么的人，才能写出符合大家需求的内容。道理同样适用于其他领域，这就是以用户习惯为先的逆向思维。

2. 消费者不花钱，就从兴趣中创造花钱的机会

现在，"消费降级"这个词逐渐成为大家热议的词汇，表现在日常生活中，就是很多人不愿意花钱了。当消费者不愿意为现有的产品付费，是不是就意味着我们赚不到钱了呢？

其实，任何时候大家都有消费的需求，只是有的消费需求是明确的，需要我们通过数据去分析、通过交流去了解；有的消费需求则是潜在的，在数据中无法明确展示出来，就需要我们去创造和挖掘。比如，小红书通过分析用户的搜索和浏览记录，发现用户对某类产品产生兴趣，从而推送相关产品，这就是一种对潜在消费需求的揣摩——"虽然你从来没有购买过这种产品，也没有消费数据和反馈，但我猜测你可能会感兴趣"。

逆向思维的另一面，就是不仅仅跟着市场需求走，而是追本溯源，考虑根据大家的喜好创造需求。这时候，就不是根据产品数据来构建用户画像了，而是要先锚定用户群体，再根据群体兴趣推出产品。

我的朋友 A 在互联网上接触到了一些潮玩爱好者，了解之后认为在这个领域应该有一定的商机。由于潮玩领域有许多不同的兴趣圈，A 通过一系列筛选缩小范围，最终锚定了关节可动人偶这个领域。他在爱好者的社交群里认真了解了很长时间，基本明白了大家对于关节可动人偶的喜好、需求，然后开始思考自己能做什么。

关节可动人偶这个市场已经比较成熟，不管是娃娃品牌还是配套的衣服品牌都非常多，竞争较为激烈，不适合小成本介入。而 A 在交流中发现，不少爱好者对衍生的配套产品有需求，比如适合摆放娃娃的微缩场景，目前还没有成熟的厂家，不少爱好者只能花大价钱进行手工定制。恰好 A 精通 3D 打印技术，于是打印了一批尺寸合适、设计精美的微缩柜子、微缩床等摆件，以及微缩搭配场景。这些微缩产品很符合爱好者的要求，因此一下子就卖出去不少，订单源源不断。A 现在已经注册了自己的品牌，专门设计给关节可动人偶搭配使用的微缩配件。

正向思维的人跟随需求推出产品，逆向思维的人会创造需求产生盈利。想要赚钱，就一定要把握消费者的想法，站在消费者的角度去思考，而不只是站在卖家的角度看问题。有了这个认识，我们才能真正实现盈利破局。

第三节

系统思维：流程清晰才能落实业绩增长

■ ■ ■

当前竞争激烈的商业环境中，企业要想实现盈利破局，必须具备系统思维。这意味着企业不仅要有清晰的战略目标，还需要在执行过程中确保流程的清晰和完整。只有通过系统化的管理，企业才能实现业绩的持续增长，避免依赖一时不可复制的运气。系统思维能帮助我们摆脱一时成功的魔咒，确保长期盈利和可持续发展。

当下，餐饮业最火爆的一个品类就是火锅，火锅店几乎在全国遍地开花，而最有影响力的一家连锁品牌就是海底捞。为什么好吃的火锅那么多，却只有海底捞走了出去，甚至走向了世界呢？这不仅仅是因为海底捞提供了卓越的服务，更是因为其以系统化的运营管理保证了店铺产品和服务的可复制性。

想要做成连锁品牌，味道不一定要最好，但是品质一定要稳定。海底捞通过标准化的服务流程、严格的培训体系和智能化的供应链管理，确保每一家门店都能提供一致的高质量服务。这种系统化的管理模式，才使海底捞能够在激烈的市场竞争中脱颖而出，实现长期稳定的盈利。

可复制性，是系统思维的基础。举个简单的例子，一个人靠买彩票赚到了五百万，另一个人靠工作赚到了五百万，社会大众会认为谁的未来发展更好？一般情况下，后者能享受的社会资源要多得多，社会评价也会更高。因为前者买彩票凭借的是运气，具有不可复制性，很难再赚到另一个五百万，但是后者的工作产出是可复制的，他还有机会赚取更高价值。所以，盈利思维中的一个重点就是有系统思维，只有有了系统思维，才能稳定地盈利。

1. 管理团队时要有系统的目标和规划

生产经营也好，设计创造也好，不管我们从事哪些项目，都一定要明确团队的短期和长期目标，确保目标具体、可量化、具有挑战性但又可实现。例如，设定年度销售增长目标、市场份额目标等。同样，在实践时，也要根据目标制订详细的规划，包括市场定位、产品策略、营销策略、渠道策略等，确保每个员工都了解并认同团队的战略目标。有了明确的目标和规划，团队才知道将来要做什么，能得到什么结果。团队思维清晰了，盈利才可复制。

在直播平台上，曾经有很多带货主播通过各种"整活"在短时间内撬动了大量流量，带货能力一度令人羡慕。但是热度过去之后，这些直播间又迅速沉寂下来，商业价值也迅速下降。不少主播经常改换自己的风格，什么风格流行他们就追什么，今天在直播间扮"清朝格格"，明天在直播间大搞"男团女团"，他们只看到了当前的流量热点，但没有自己的风格定位。这就导致流量一旦过去，他们就必须重新积累粉丝和关注，能不能成功全靠运气。

但从东方甄选走出来的主播董宇辉，从一开始就走"知识分子"的直播路线，直播有内容、有格调，与新东方的定位和其英语教师的身份不谋而合。而他独立之后创办的"与辉同行"也保持了自己惯有的风格，说明他清楚地知道自己能"火"是因为什么，所以做事有目标、有计划，知道什么热点可以追、什么风格不能变，因此聚拢了许多"死忠"粉丝，形成了自己的圈子。

如果没有目标和清晰的认知，不知道用系统思维的方式来规划团队发展，就容易出现大多数主播面临的问题——热点和流量就像"玄学"，能不能盈利全看运气，哪怕一时成功也不能复制。这显然不利于长期发展，所以，在一开始就应该有目标，有规划，让经营成体系。

2. 建立标准化的流程，才能保证产品的稳定

哪怕当下还是一个小团队，我们也要根据团队的业务特点，设计标准化的业务流程，确保每个环节都有明确的操作规范。像海底捞的服务流程，迎宾、点餐、上菜、结账等环节，每一个都有详细的操作标准，所以才能保证任何门店都能提供稳定的服务。

在团队运营过程中，也要定期评估和优化业务流程，发现并解决瓶颈和问题，不断优化流程，提高运营效率和服务质量。只有流程标准完备了，产品质量才能稳定，才能实现长期的盈利。

某知名甲油胶品牌，凭借自己强大的调色能力，推出了很多漂亮的甲油颜色，深受专业人士和消费者的喜爱。但是该品牌的生产流程不标

准、产品配方不稳定，产出的颜色经常因为批次不同而有差别。

该品牌的主要客源是专业美甲店，这些店铺设计美甲款式，挑选颜色合适的甲油需要花费很长时间，自然希望颜色稳定，款式可以长久复刻。所以，该品牌甲油颜色不稳定的问题，导致其被众多美甲店诟病，损失了不少市场份额。

标准化流程的关键就是不要轻易变化，即使是优化也要遵循流程来，这样管理才有依据，产品质量才有保证。记住，稳定产出才能稳定盈利。

3. 实施严格统一的培训体系，才能让团队水平稳定

团队要建立系统化的培训体系，确保每个员工都能掌握必要的技能和知识。例如，海底捞对新员工进行严格的服务培训，确保他们能够提供高质量的服务；鼓励员工持续学习和进修，提升其专业能力和综合素质；通过内部培训、外部培训、在线学习等多种方式，给员工提供持续的学习机会。

市场上很多人因为运气好而有了一次利润暴增，可他们没有系统性思维，并不知道自己为什么盈利，因而没有改进，只能等待下一次运气；而有系统性思维的人，则会仔细地剖析成功的经验，从中总结优势，然后制定目标、计划，并做好运营管理，保证每次推出的产品都能复刻这种优势，即使市场变化很快，也能持续盈利。可见，流程清晰，才能实现思维破局。

第四节

批判性思维：在盈利诱惑面前保持清醒

■ ■ ■

在当今竞争激烈的商业环境中，我们不仅要追求短期盈利，更要具备批判性思维，保持对长期战略的清醒认知。面对短期诱惑，我们需要透过表象，深入分析当前的优势和劣势，做出理性取舍，才能实现可持续的长久盈利。

亚马逊就是一个典型的例子。早期的亚马逊在图书销售市场取得了非常大的成功，几乎做到了行业垄断。但创始人杰夫·贝佐斯并没有满足于短期的盈利，而是将目光投向了更广阔的电商市场。他明白图书销售只是成功的一个切入点，亚马逊真的是因为售卖图书而成功的吗？不是，真正的优势在于供应链管理和互联网技术平台。因此，亚马逊不断投资于物流系统、云计算和人工智能，哪怕在前期看起来并没有什么明显的回报。如今，在全世界图书市场都在不断缩减的情况下，亚马逊依然屹立不倒，而且转型成为全球最大的在线零售商和云服务提供商。

批判性思维能让我们在短时间的盈利诱惑面前保持清醒，审视自己的当前的成功，寻找真正的盈利核心。只有能放弃短期诱惑，长时间耕耘发展核心优势的团队和企业，才能真正实现稳定盈利。

1. 分析核心优势和劣势、机会与威胁

当产品在短时间内获得盈利，或者项目获得成功时，我们的第一个反应一定是复制和延续这种成功。但有时候，我们将所有的精力都投入在了短期的成果上，很容易忽略一个问题——你的产品为什么能获利或成功？如果不能找到这个关键点，仅仅是盲目地复制，这种成功就是不可延续的，很快就会被市场抛弃。在盈利面前，应该思考以下四个问题。

（1）什么才是盈利的核心优势？

（2）哪些是在竞争市场上的劣势？

（3）当前有哪些发展的机会？

（4）面临的威胁来自哪里，都是什么？

批判性思维让我们在成功的时候不被当前的诱惑打动，愿意"拷问"自己、强迫思考，寻找真正的优势和劣势、分析机会和威胁，然后把握优势，尽可能地抓住机会谋求发展，甚至为此放弃短期的盈利，这才是正确的甩掉竞争对手的方法。

2. 投资自己的核心竞争力

批判性思维不仅是要让我们清晰地认识到盈利项目中真正有利的因素，也是要让自己学会取舍——当资源有限的时候，是专注于短期盈利，还是投资长远发展？每个人的精力和成本有限，如果只关注眼前的收益，就没时间进行长远的投资和孵化了。这时候，建议将投资都集中在自己的核心竞争力上，根据核心竞争力来选择自己的经营模式，定位到底是谋求

短期利益还是长期发展。

> 　　某平台知名科技博主，曾经在学生时期凭借一个产品测评视频一炮而红。短时间的成功并没有迷惑他的心智，他认为自己是结合了热点题材、新人博主等多方面因素才得到了数据爆发的机会，而做博主不可能每次都赶上热点题材，新人也早晚会变成旧人，一旦依赖于现在这种模式，后期将很容易被模仿和超越。通过分析，他认为自己的核心竞争力就是自己身上那种在校学生的活力和创新能力。而学生一般都是亲切、理想化的象征，没有人想看到学生急功近利地带货赚钱，所以他要保持自己的核心竞争力，就势必要放弃短期盈利，沉淀专业技术，谋求长期发展。
>
> 　　于是，在其他博主都很快开始发广告、带货的时候，他依然注重维护自己的形象，尽可能产出高质量、有诚意的视频。而当时，该平台新人扶持计划正需要这样的形象代表，这位博主恰好符合需求，因此顺利得到了平台的资源扶持，经常配合平台参与各种访谈和活动。在各种访谈和活动中，他反复强化自己作为工科学生、科技新生力量的定位，最终成为这个赛道上无法被替代的角色，实现从学生到专业科技博主的转型。

　　我们当然更希望盈利可以长期化，但如何选择，归根结底要看自己的核心竞争力是什么。俗话说的"一招鲜，吃遍天"，就是将所有资源都用来放大核心优势，以最有效地提升自己的竞争和盈利能力。

3. 面对市场，要有明确的目标和灵活的策略

　　行动时要考虑是否有目标，但在向着目标前进的过程中，计划也不是

一成不变的，要根据市场情况和团队需求的变化进行调整，该灵活时不能死板。

　　行动的目标一定要明确，它既包括短期目标也包括长期目标。只有明确了这些，我们才知道自己要向着什么方向前进。首先，设定可实现的短期目标（如季度销售额增长、市场份额提升等）和团队、企业的长期愿景（如市场领导地位确立、技术创新领先等）；其次，制订可执行的计划，列出详细的时间表，明确每个阶段、每个项目的责任人和关键绩效指标，以此衡量一个阶段或项目是否达标；最后，通过批判性思维定期对目标进行评估，一旦有情况变化，就要及时调整策略。可以通过回答以下几个问题去思考我们的步调是否正确。

　　（1）现在这样做，还能实现之前的目标吗？

　　（2）你还可以怎样做？你的依据和原因是什么？

　　（3）如果要落实这个新的路径，可以怎么安排？

　　（4）还有没有更好的解决办法？

　　任何时候，我们都可以调整自己的计划和策略，只要能保证目标的最终实现，过程可以十分灵活。只有常常问自己"为什么"和"怎么做"，多批判和"拷问"当下的举动，才有机会优化结果。

第五节

长线思维：拒绝"捞一笔就走"心态

■ ■ ■

在现代商业环境中，许多团队和企业往往被短期利益吸引，采取"捞一笔就走"的模式，只着眼于能看到的盈利。然而，这种短视的做法不仅难以建立持久的市场竞争力，还可能损害企业的声誉和消费者信任。相反，拥有长线思维，注重可持续发展，才能真正实现盈利破局，放大收益。

三只松鼠是中国领先的互联网休闲食品品牌。2012年，三只松鼠正式成立，之后通过互联网直销模式迅速崛起，并以其独特的品牌形象和优质的产品服务赢得了广大消费者的青睐。

三只松鼠经营的休闲食品里面，一个重要的品类就是坚果。当时，这种很看重品质、需要亲自尝试的食品，人们还不习惯在线上购买，因此商家一般都采用线下店铺铺货模式进行销售，即使有一些线上店铺，也是小型商家，没有形成完整体系的销售模式。就这样，在线下市场近乎饱和的情况下，三只松鼠坚定地要走线上售卖坚果的路线，还定下目标，要卖品质最好的坚果。

为了建立品牌的影响力，得到市场的认可，三只松鼠花费了很多精力去筛选供应商，甚至将整个供货链的质量检测提高到当时市场前所未有的标准。而且，三只松鼠还打造了快速的售后响应系统，如果消费者买到了口味不好的坚果，随时可以找售后客服反馈，品牌方不仅会马上予以处理，而且如果很多消费者反映同样的问题，他们还会取消跟某些供应商的合作。

坚果线上品牌之所以难做，就是因为质量很难稳定下来，三只松鼠为了打造品牌付出了巨大的成本，但效果也是显著的——短短几年之间，它就用自己的产品征服了消费者，甚至培养了消费者"线上买坚果零食"的习惯。

坚持长线思维，注重品牌建设和可持续发展，市场就会予以奖励。长线思维的另一面就是培养消费者的忠诚度，俗话说"放长线，钓大鱼"，舍弃短期利益，当然是为了提高消费者的留存率，让消费者愿意复购，才能产生长期回报。所以，长线思维就是要维护消费者的感受，才能培养出一个忠实于我们产品和品牌的固定消费群体。

1. 建立会员制度

会员制度是维护消费者群体的最佳途径，也能最直观地向消费者展示团队"愿意好好做产品"的决心，从而增强消费者的信赖感。在建立会员制度时，可以提供多种会员等级和相应的优惠政策，如积分兑换、专属折扣等。在这里，千万不要担心设置会员等级会让消费者觉得受到了"区别对待"，会员制度的核心就是让会员觉得自己比其他普通顾客得到了更好的待遇，在心理上产生满足感，他们才更有消费黏性。而这种差异，也会吸引普通顾客期望成为会员，产生正向的激励。

比如，如果开设一家小型零食店或者饮品店，就可以设计简单的会员卡，消费者每消费一定的金额或者购买多少杯饮品，就可以累积积分，当积分达到一定标准以后，可以免费兑换零食或者饮品。积分的标准设置一定要让消费者觉得有可实现性，比如"会员买 10 杯饮料就可以免费兑换 1 杯"，这样大家一定会期望能完成，原本只会复购 2 到 3 次的消费者，就愿意通过累计购买 10 杯来换取赠送的饮品。相反，如果标准设置得太高，比如"买 100 杯兑换 1 杯"，就无法形成消费刺激了。

同样，如果会员并没有更好的待遇和奖励，不仅会让大家觉得不公平，还会让会员制形同虚设，无法起到我们期待的效果。

2. 设置定期回馈活动

不管是经营店铺还是品牌，都可以定期举办消费者回馈活动，如会员专享日、限时优惠等，增强用户黏性，也能让消费者养成定期关注的习惯。这种回馈活动可以提前一段时间预热宣传，因为一旦吸引消费者的兴趣并激发他们的参与意愿，便能在无形中提升他们对品牌的关注度，从而更可能促进购买行为的发生。

3. 提供个性化服务

个性化服务也是长线思维的一种表现。很简单，就是针对消费者的不同需求，在一定范围内提供定制服务，这种"一对一特殊化"能大大满足消费者的情感需求，让消费者感受到自己被重视，"独一无二"的感觉是促使消费者满意度提高的重要原因，通过这种心理上的暗示，很容易俘获忠实粉丝。

我们可以通过数据分析，了解消费者的购买习惯和偏好，提供个性化的产品推荐和服务。比如，美容美发店如果想吸引消费者购买会员卡，可以在一定价值范围内赠送一些服务，这种服务项目没有必要限定得非常严格，可以让消费者根据自己的喜好进行兑换。对商家来说，提供同样价值的服务并不会造成额外损失，而消费者也能享受到自己最需要、最喜欢的项目，就会觉得充值这种行为更值得，从而更愿意消费。个性化定制适用于很多产品，商家或企业可以根据自己的产品和团队经营范围进行调整，但原理是一样的。

长线思维，最核心和根本的特点就是维护消费者，让消费者产生心理上的满足感和信任感。所以，不管是会员制、回馈活动还是个性化服务，本质上都是构建消费者信任的一种措施。我们也可以根据自己的情况灵活地进行设计，当你赢得了消费者的信任，盈利变现就不再是一件难事。

第二章

赛道选择，决定破局难易

第一节

懂得市场分析，把握入场机会

■ ■ ■

在竞争日益激烈的今天，我们想要实现盈利破局，赛道的选择至关重要。正确的市场分析和精准的入场时机能够大大降低经营难度，提高成功的概率。选择一个合适的市场赛道，不仅能有效避开激烈的竞争，还能利用市场空白和增长潜力，迅速建立自己的行业优势地位。

喜茶（HEYTEA）是中国新式茶饮市场的领军品牌之一。它的成功不是一种偶然，而是通过精准的市场定位和入场时机把握，以及不断创新的产品和营销策略一步步实现的，并不断突破自我保持了优势。在2012年之前，茶饮市场主要由传统茶饮和奶茶店主导，市场相对饱和，看起来既不是一个新兴赛道，也没有很好的切入时机。但是，喜茶的创始团队通过深入的市场调研，发现了年轻消费者对健康茶饮的新需求。

第一，年轻消费者开始关注健康，偏爱天然、无添加的饮品，而当时市面上茶饮基本上是奶粉、香精冲兑的，天然健康的饮品往往成本较高，无法形成连锁。

第二，消费者对普通奶茶的口味感到厌倦，更希望尝试一些新的口味。

第三，社交媒体逐渐兴起，消费者都喜欢在互联网平台上分享自己的经历和评价。

基于市场调研的结果，喜茶选择了"新式茶饮"这一细分市场，定位于年轻、时尚、注重健康的消费者群体，打造具有天然、创新和高品质三项特征的"新奶茶"。比如，喜茶强调使用优质茶叶和新鲜水果，避免使用人工添加剂，迎合了消费者对健康饮品的需求；通过不断推出创新的产品，如芝士奶盖茶、鲜果茶等，满足消费者对新奇口味的追求；通过精致的店面设计和高品质的服务，打造高端茶饮品牌形象，促使大家在互联网上进行分享。很快，喜茶就实现了爆发式的增长。

事实证明，任何看似饱和的市场都还有尚未发掘的"蓝海"，即便错过了一开始的入场时机，也可以通过市场分析找到合适的定位，成为旧领域当中的创新者。那么，怎样做才能精准地把握入场时机呢？

1. 时机把握建立在市场分析的基础上

不管是传统市场还是新兴行业，都有新团队的一席之地，但新团队一定要了解这个市场，才能在激烈的厮杀中成功活下来并盈利。我们经常说贸然创业是死路一条，因为大多数创业成功的人，都是原本就懂行业、了解市场、在这个领域深耕多年的打工人，拥有丰富的经验和资源。所以，进入市场的正确时机不止一次，不要担心再不行动就错过了，先沉住气进行充分的前期分析和调研才是上策。

市场分析的方式有很多，最简单和传统的方式，是利用线上问卷、线下访谈等收集潜在消费者的需求和偏好，进行消费者画像，然后研究同类公司的产品、服务、市场定位和消费者群体，寻求差异化，找到市场空白和机会。

例如，如果要在城市里经营一家小型手工咖啡店，就可以通过前期调研来做好店铺定位和产品选择，用线上问卷调查和社交媒体互动，了解同城消费者的口味偏好和消费习惯，然后分析市场上现有咖啡店的服务特色，评估其是否符合大众需求与喜好，以此作为优化自身服务的依据。如果消费者需求中有现存市场没有满足的部分，这就是一个好的切入点，可以重点关注这个缺口产品，在市场上做到差异化。

2. 市场上升期或竞争对手萎靡期，是最好的切入机会

入场时机除了可以通过细致的市场分析来判断，也有两个普适的介入信号，就是市场的快速扩张期和竞争对手的萎靡期。

江小白是近些年白酒行业的一个新兴品牌，在它进入市场之前，中国的白酒市场主要由传统白酒品牌主导，如茅台、五粮液等。这些品牌虽然具有深厚的历史和品牌积淀，但也存在一些问题。比如，品牌的形象较为老旧，难以吸引年轻消费者，白酒口味比较浓烈，不符合年轻人的口味偏好等。加上"酒桌文化"不再被年轻一代接受，传统白酒市场的受众越来越少，甚至呈现出萎靡的姿态。

这时候，江小白选择了逆势而为，从看似已经拒绝了白酒的年轻消费者入手，推出了低度数、轻口味的白酒，迎合了年轻消费者的口味偏好。通过提供适合一人到多人饮用的小容量包装，成功融入了迎合年轻消费者喜好的多样化场景中。此外，江小白还充分利用社交媒体，通过

互动性强、内容丰富的营销手段，提升品牌知名度和用户黏性。这一整套"组合拳"下来，很快就占领了传统白酒品牌释放出来的市场份额。

如果说市场是一个大蛋糕，那么先进入的企业和产品已经将原有的蛋糕瓜分完毕。而市场扩张，就是这个蛋糕被做大了，出现了许多尚未被占领的空白区域。这时候，原本占据优势的企业需要一段时期才能扩大自己的影响力，吞下新的蛋糕，这就给了我们介入的机会；而竞争对手萎靡，就是他们吐出了自己原本吞下的蛋糕，即释放了市场资源给新入场的企业。

通过综合分析市场信号，我们可以找到合适的进入赛道的时间，降低竞争的压力，让盈利变得更简单一些。

第二节

巧用竞争分析抓住对手弱点

■ ■ ■

在商业竞争中，了解和分析竞争对手的弱点是实现盈利破局的关键。小型团队资源有限，巧妙地找到对手的薄弱环节并有针对性地制定有效的策略，是实现自身快速发展和盈利的至关重要的技能。

> 瑞幸咖啡自 2017 年成立，通过创新的商业模式迅速崛起，成为中国咖啡市场的一匹黑马。对瑞幸来说，主要的对手是在中国市场上已经耕耘多年的星巴克，它通过竞争分析了解星巴克等传统咖啡店的弱点，制定了差异化的策略，于是很快在市场上站稳脚跟。
>
> 首先，星巴克主要面向中高端消费群体，咖啡价格较高，对普通消费者，尤其是年轻人来说有一定的门槛。其次，星巴克的门店主要集中在城市的核心商业区和高端社区，覆盖面相对有限。同时，星巴克强调线下体验，店内环境和氛围是其重要卖点，但快节奏的都市生活导致消费者未必总有时间在店内消费。

针对以上几点，瑞幸做到了差异化竞争，它通过补贴和优惠活动，以更低的价格吸引消费者，尤其是年轻人和白领群体。在门店选择上，瑞幸从一开始就走了广泛布局、快速扩张的路线，通过大量开设小型门店和自提点，覆盖了更多的城市，方便消费者购买。同时，它通过自有App和外卖平台，实现线上点单、线下自提或外送模式，满足消费者的多样化需求。在熬过了前几年快速扩张的压力之后，瑞幸很快占领了市场，扭转局面实现了盈利，现在已经成为最重要的本土咖啡品牌之一。

想要在自己的赛道中实现弯道超车，懂得竞争分析非常重要。不懂竞争分析的人，只知道盲目扩大自己的优势，但不知道自己的优势同时也是对手的优势，因此导致"石头碰石头"的尴尬局面——明明自己实力过硬、产品优秀，就是无法盈利。而加入竞争分析后，我们可以先了解竞争对手的弱项，再将这一项打造成我们产品的强项，走"石头碰鸡蛋"的路线，自然更容易获胜。要进行竞争分析，可以从以下几步进行。

1. 定义对手

首先，明确谁是你的竞争对手。这不仅包括直接竞争对手（提供类似产品或服务的企业），还包括间接竞争对手（提供替代产品或服务的企业）。我们往往更容易发现直接竞争对手，但忽略了间接竞争对手，从而低估了产品的推广压力。

某宠物用品品牌经过市场调研，发现同品类的大号猫砂盆比较少，无法满足大体型猫的需求，就推出了各种不同等级的大体型猫专用猫砂盆。在品牌方的预估中，简易猫砂盆的销量应该远大于自动猫砂盆，因为前者价格低，更容易被养猫家庭接受。没想到，在实际销售中，却是昂贵的自动猫砂盆销量更高。

经过更细致的用户调研，品牌才发现，许多养大体型猫且预算较低的家庭，都选择了使用整理箱等便宜的其他产品替代大号猫砂盆。由于一开始忽略了这种替代产品，导致品牌错误预估了市场。

所以，定义对手非常重要。我们可以通过市场调研，了解有哪些商家在提供相似的产品或服务，而另一个更简单的办法就是询问消费者，从现有的消费者那里得到信息，了解他们还考虑过哪些品牌或产品。如果企业经营的领域比较专业，也可以从行业报告中获取信息，了解市场的竞争格局。

2. 收集对手信息

关于竞争对手的信息，能收集的类目就比较多了。比如，我们可以了解对手的产品线、服务内容、质量和用户体验，从而差异化地定位自己的产品和服务；分析对手的定价模式、折扣和促销活动，评估自己在定价上是否能占据优势；了解竞争对手的目标市场和消费者群体，分析是否有遗漏的空白市场可以介入；分析竞争对手的广告、促销、社交媒体活动和品牌传播策略，找出他们薄弱的地方并重点投放宣传。

更进一步地分析，可以了解对手的财务状况，包括收入、利润和市场份额，或者通过社交媒体、消费者反馈，来了解对手的消费者满意度和常见问题。市场竞争就是要"趁虚而入"，当对手处于虚弱状态时，更适合我们加大宣传力度，这往往能起到事半功倍的效果。

3. 制定竞争策略

最后，根据竞争对手的相关信息，我们可以制定针对性的竞争策略。

比如，差异化策略就是通过产品创新、服务改进或品牌定位，与原本同类目的产品形成差异化优势，服务于不同需求的消费者群体；成本领先策略，就是优化我们的运营和供应链管理，降低成本，打价格战，通过价格优势吸引消费者；集中化策略，则是专注于特定的细分市场或消费者群体，提供定制化的产品或服务，在专项赛道上赢得优势。

通过巧妙的竞争分析，找到竞争对手的弱点，我们可以制定符合自己需求和定位的策略，盈利破局不再是难题。

第三节

深耕细分市场，占据绝对优势

■ ■ ■

在有限的资源下想通过小成本成功实现盈利破局，就不能太贪心，深耕细分市场，发挥集中化策略的优势，或许是最有效的路径之一。通过专注于特定的市场，提供高度定制化的产品和服务，我们也能建立独特的优势，在竞争中脱颖而出。

玻尿酸作为一种广泛应用于医药、化妆品和保健品领域的高附加值生物材料，市场需求巨大。然而，玻尿酸的研发和生产技术门槛较高，市场上优质玻尿酸产品相对稀缺。

1998年成立于山东的福瑞达医药集团，就发现了玻尿酸的巨大潜力，选择长期深耕这一细分市场。他们注重玻尿酸的基础研究和技术创新，建立了专业的研发团队和先进的实验室，持续进行玻尿酸的生产工艺改进和应用研究。通过自主研发和产学研合作，福瑞达在玻尿酸的纯度、分子量控制和功能性方面取得了多项突破。

> 很快，福瑞达的玻尿酸产品在国内外市场占有了重要地位，成为行业领先品牌，甚至有了"世界玻尿酸看中国，中国玻尿酸看山东"的说法。

福瑞达集团虽然选择了一条比较狭窄的赛道，却建立了远超其他品牌的优势，这正说明了深耕细分市场的重要性。对小企业来说，资金量有限时，更不能广撒网，应该集中资源发展优势特征，先确立自己的领先地位，再考虑逐步扩张。

1. 精确定位有高增长潜力的市场

要深耕细分市场，选择和定位就显得格外重要，细分市场的体量大小、竞争对手的强弱，直接决定了我们将来的发展难易。比如，如果目标市场的体量本来就很小，即使做到了行业龙头，产量也不会很高，那么我们未来的发展上限就会比较小；如果细分市场的竞争激烈，则说明需要付出很大代价和成本才有机会站稳脚跟。

最好的办法就是选择有高增长潜力的市场，这类市场往往有以下几个特点。

（1）方向新，正处于摸索发展阶段。

（2）热度上升，受到年轻人关注或者代表前沿技术。

（3）尚不成熟，但与成熟市场关联较大。

这类市场可能当前体量较小，但未来有一定发展前景，成熟的企业不愿意花费大量时间精力去开发，因此非常适合创业者和小企业加入，全力开发跟进。开发这类市场时，可以利用市场研究报告、行业分析、消费者调研等数据，来确定市场需求和增长潜力，也可以关注行业趋势、技术发展和政策变化，来预测未来市场走向。

2. 细分产品也要多元化

在细分赛道上发展，意味着我们的项目或者产品的品类比较单一，比如福瑞达就只经营玻尿酸这一个大类。但是，这不意味着在该品类下面，我们就可以安于现状，只开发或推出一个产品。想在细分赛道上占据更大的市场，就一定要尽量满足大家对这个品类的需求，产品单一的话就做不到这一点，因此必须在该品类之下做到多元化开发。

比如，福瑞达根据市场需求开发了多种规格和用途的玻尿酸产品，包括医用级玻尿酸、化妆品级玻尿酸和食品级玻尿酸。通过产品多元化策略，企业才能覆盖更广泛的市场。

伴随着手账文化的兴起，不少年轻人都喜欢用制作手账的方式记录自己的生活，而写手账则带动了手账本、彩色笔、纸胶带、便签等各种文具产品的发展。在手账这个小圈子中，某品牌选择了更窄的类目——只设计纸胶带，但尽量将纸胶带工艺开发到极致。该品牌设计出了凹凸、洒金、半透等多种工艺，并与众多设计师合作，每周都会推出不同主题、不同风格的纸胶带，以满足各个风格的手账爱好者的需求，很快占领了市场。

如果只做一种风格或者工艺的纸胶带，该品牌一定不能让爱好者们都满意，势必就会有其他品牌来侵占这个小品类。而这个品牌由于深耕细分赛道，把握住了多数消费者的需求，因此很快占领市场。所以，越是做细分赛道产品，就越要在这个领域内做到全面，一定要尽可能垄断市场，才有竞争优势。

3. 强调品牌建设，建立"独角兽效应"

做产品的人，都知道品牌效应的重要性，要用长线思维维护好自己的品牌，才能打造用户口碑，让自己的产品更容易被市场接受。而在细分赛道里做产品，品牌效应只会大大增加。圈子越小，消费者可选择的范围就越窄，对品牌就越了解，有的甚至可以到对品牌产品如数家珍的地步。这种情况下，如果品牌能做好口碑，得到大家的认可，就很容易产生"独角兽效应"，让优势扩大化。但这也导致一种负面影响——一旦品牌口碑做差了，问题很快就会在消费者中传开，品牌今后的生意就会很难做。

可见，建设品牌除了要注重宣传，夯实消费者对品牌的印象，也要注意做好口碑。产品质量是做好口碑的基础，要根据品牌的定位来把控质量，比如品牌希望走亲民路线，产品就要物美价廉，不要求尽善尽美，但一定要是性价比最高的；品牌要走高端路线，就要不惜成本地提高产品品质，让它能超越竞品。但不管怎么做，都一定要保证质量、定价的稳定性，才能获得长期口碑。

通过对细分市场的探索，建立自己的品牌，我们可以掌握绝对优势。细分赛道虽然窄，但有了竞争力，也会有"一夫当关，万夫莫开"的效果，极大减小企业的经营压力，让盈利变得更稳定。

第四节

"蓝海战略"撬动成倍回报

■ ■ ■

想要小成本实现盈利破局，选择一个好的赛道至关重要，而"蓝海战略"给我们提供了一种有效的方法。我们可以通过发掘尚未被充分开发的市场，也就是"蓝海市场"，在低投入的情况下快速获得竞争优势，避免在"红海市场"中与众多竞争对手激烈厮杀。有时候，经营的选择、定位，与后续的努力一样重要。

黄尾袋鼠酒庄位于澳大利亚，这里出产了澳大利亚历史上销量第一的葡萄酒。2001年，该酒庄推出的第一款葡萄酒就远销海外，在美国销售了50多万箱，6年后更是达到了850多万箱，在美国近乎成熟的葡萄酒市场上成为异军突起的黑马。

当时的美国葡萄酒市场竞争激烈，黄尾袋鼠酒庄没有在这个成熟的"红海市场"里与其他品牌硬碰硬，而是选择另外发掘一条"蓝海赛道"，将消费者定位为不熟悉葡萄酒的普通人群，而不是传统的葡萄酒爱好者。

通过市场调研，黄尾袋鼠酒庄发现，许多普通消费者其实对葡萄酒的历史、复杂的品类和严格的品鉴规则并不感兴趣，他们更希望获得简单的饮酒愉悦感，最好有一种简单易懂、口感适中的葡萄酒。于是，酒庄刻意简化了葡萄酒的选择过程，也简化了产品的种类，推出了7种口感柔和、易饮的葡萄酒，且设计了简洁明了、易于识别的包装。他们不再将自己的产品作为一种葡萄酒，而是把它当作所有人都可以入口、都有概率喜欢的大众酒水进行开发，因此吸引了大量原本不喝葡萄酒，喜欢喝啤酒、鸡尾酒的消费者。它摆脱了葡萄酒市场的条条框框，也不再局限于内部的竞争，而是开拓了新的市场，成为一种新的社交饮料，快速在国际上打开了市场。

"蓝海战略"，其实就是思维上的创新。"红海市场"的"蛋糕"几乎已经被早已占据市场的大企业瓜分殆尽，我们想要实现团队增长或者产品扩张，就必须从别人手中抢夺"蛋糕"，这必然会引发激烈的竞争，甚至导致付出远大于收获。但是"蓝海市场"的"蛋糕"几乎是无主的，哪怕蛋糕小一些，只要动动手就可以轻轻松松吃到。黄尾袋鼠酒庄就是放弃了葡萄酒的"红海市场"，选择出去开拓自己的"蓝海"。因此，为了实现盈利破局，我们也要有这种思路。

1. 从"红海"中发掘"蓝海"，寻找消费者未被满足的需求

任何"红海"的前期都是"蓝海"，所以，先入场的人往往能更快速地赚钱。如果你的团队经营方向恰好就是一个未成熟的"蓝海市场"，只需要抓住当前的机会尽快扩大市场占有率，在前期加大力度积极争取资源、推广产品，自然就能实现盈利。但对更多人来说，这样的好机会并不多。

这时候，我们可以在"红海"中选择"蓝海产品"，一个重要的原则就是识别消费者未被满足的需求。可以研究现有市场上的产品和竞争对手，找到市场相对空白的细分领域，重点攻略这些产品，这就是"红海市场"中的"蓝海品类"。

　　某电商平台上，有一家女装店铺一直想寻找自己的转型突破办法。这家店铺位于南方某服装货源集散地，周围有许多竞品商家，不仅拿货渠道严重重合，卖货方式和平台也极度相似，导致这家店一直不能做出差异化，数据总是起不来。

　　这家店铺的突破办法是研究消费者在平台上的反馈关键词。他们抽取了大量评论和退货意见，还浏览了同类产品其他店铺的评价，发现一些个子不高、身材略胖的女生，很难找到真正适合自己的服装。这家店铺意识到，大码女装不能只是加大版的普通女装，而应该是真正适合较胖的女孩穿着，可以修饰体形的衣服。于是，他们开始筛选货源，主动在拿货时挑选剪裁上更加适合胖女孩的衣服，然后从店铺名称到模特选择上都突出"胖女孩"的关键词，从而顺利将店铺从原本毫无特色的普通女装零售店，打造成了专门给胖女孩服务的大码店。有大码女装需求的顾客，可以更精准地在店铺里选到自己喜欢的衣服，不容易踩雷。

　　有了特色之后，店铺很快汇集了一群忠实粉丝，不但流量上升，而且退货率、差评率都下降了，店铺进入了盈利的正循环。

　　在"红海市场"中做到"蓝海定位"，重点就是通过分析需求来做出差异。在资源有限的时候，我们可以放弃一些大众的产品或者项目，跟着市场空白走，根据大家的需求先锚定一个选项，就像例子中提到的"胖女孩大码女装"一样,通过放弃平庸产品、塑造垂直品类,来做出差异化。虽然他们看起来放弃了更加广阔的市场,但也避开了"红海市场"上的激烈竞争,通过差异营销先抓住目标消费者,实现小步快走。

2. 用数据发掘"蓝海",找到真正有市场需求的地方

什么是"蓝海市场"?一个能发挥"蓝海战略"的市场,一定是低竞争性、高成长潜力的市场。这些特点可以反映在市场的产品数据上,我们只要去筛选符合这些数据标准的产品或关键词,就能比较轻松地找到真正具有市场需求的"蓝海"。

一方面,在"蓝海品类"里,产品数量是相对较少的,这样才能具有低竞争性。比如,在社交媒体上搜索关键词,有的热词下面不仅已有成千上万条帖子,而且没过几秒钟就有新帖刷新出来;而有的冷门关键词下则只有几十条帖子,而且长时间没有更新。很显然,后者的竞争性更低,如果我们用这些关键词发帖,就可以确保自己的帖子一直位于搜索结果的前列,从而获得更多的曝光率。这跟卖产品的原理是一样的。

但另一方面,很多冷门词汇的搜索和曝光率也低,平时没有什么人会点进来看。这和同类型产品的消费市场很相似,尽管竞争程度不高,但却很难获得利润。这时候,我们就要分析市场是否有高成长潜力,看这些产品数据在近期有没有实现大幅度、大比例的增长。比如,某产品交易量在过去一个月稳步上升,提高了将近两倍,显而易见是因为某些原因获得了关注,这就是一个在增长的市场。

分析市场是否具有高成长潜力,一定要谨慎、敏锐地筛选掉那些只有一时热度的产品。这些产品能有数据增长,可能是因为商家广告或者特殊活动,不代表其市场潜力大,如果贸然进入,可能会发现热度已经过去了。

但是，如果一个市场的数据同时具有低竞争性和高成长潜力，它就是符合"蓝海市场"条件的。

寻找"蓝海市场"，针对消费者的需求创新产品和服务，我们可以在低投入的情况下快速获得竞争优势，实现盈利破局。

第五节

跨界创新才能实现"1+1 > 2"

■ ■ ■

　　竞争激烈的商业环境往往能孵化创新的企业和团队，当行业内部的创新路线层出不穷，跨界创新就成为一种新的盈利破局的策略。通过结合两个领域或者产品的特点，进行进一步的开发，我们往往可以创造出全部的产品或提供独特的服务，实现"1+1 > 2"的效果。这种跨界融合不仅能带来独特的市场定位，还能开辟新的市场空间，吸引更多的消费者。总之，跨界创新提供了一个低成本、高回报的途径，帮助小团队、小企业在市场中脱颖而出。

　　苹果公司和耐克产品的合作就是一个典型的关于跨界创新的探索。耐克是一家知名的运动品牌，而苹果则是定位为科技公司，两者看起来并无关联。但是，苹果公司的 iWatch 系列手表将运动记录、健康监控等作为重要卖点，用户往往是喜欢运动的人群，这就让它的用户画像与耐克公司的消费人群有了较大重合。

于是，两家公司通过跨界合作，结合运动和科技的特点，推出了"Nike+"系列产品，这些产品结合了耐克的运动科技和苹果的智能技术，为用户提供了全新的运动体验。通过手表上的"Nike+"应用程序，用户可以记录跑步数据、设定运动目标、与朋友分享运动成绩，这极大地提升了用户的运动体验和参与感。耐克和苹果的品牌形象看似没有太大关联，但用户群体重合度高，品牌反而可以实现互补。通过合作，两家公司不仅扩大了各自的市场份额，还提升了品牌影响力。

跨界创新的好处有很多。第一，跨界创新跳出了原本行业的思路局限，与相关性高的产业进行结合，可以碰撞出更多火花，这种创新也更容易让消费者产生新鲜感，真正实现"新"的意义。第二，跨界创新相当于将"蛋糕"做大，如果说行业内尽是竞争者，那么跨界后则到处都是潜在的合作者，这种创新模式更容易实现双赢。规模相对较小的团队和企业，也有适合自己的跨界创新思路。

1. 识别自身优势和特点

创新不能为了"新"而"新"，而应为了扩大自己的优势与特点，为了盈利而创新。很多团队在创新道路上越走越远，反而忘记了自己的初衷，产品虽然五花八门，但不能得到消费者认可，反而不如经典产品有盈利效果。

某咖啡店一直以推出创新的口味作为卖点，希望能争取到更多消费者，将自己的店做成网红店。为了博人眼球，该咖啡店陆续推出了水果咖啡、酒精咖啡等一系列新口味。在产品投放宣传期间，确实会有一些消费者因为猎奇心态前来购买，但因为这些咖啡口味实在很难令人接受，所以热度过去后很难留住顾客。

店主决定改变思路，发现自己的咖啡店离传统文化街区比较近，街道建筑也保留了当地特色，所以经常有游客来打卡。于是，店主决定将咖啡和当地文化旅游结合在一起。他定制了一批新的咖啡杯包装，专门设计了与旅游景区相关的漂亮图案，给店铺进行了装修，在店内放置了不少独家设计的咖啡杯、冰箱贴、徽章等旅游纪念品，让店铺成为一个购买纪念品、打卡休息的好地方，同时主推几款注重口味的经典咖啡。这种改变吸引了不少旅客，很多人都评价这里"咖啡好喝""店铺可以休息，也可以拍照""旅游纪念品很有特色"，咖啡店的形象跟文旅牢牢结合在了一起，甚至登上了当地旅游宣传节目。

在创新之初，我们一定要识别自己的优势和特点，明确团队的核心竞争力和独特资源，找到自己的优势，并在后续的创新与合作中尽量发挥这种优势；同时，分析现在的产品、服务的特点，找准用户群体的需求，以用户需求作为切入点。

2. 寻找用户群体重合的跨界伙伴

当我们的跨界创新无法通过自己的团队完成，需要寻找合作伙伴时，可以通过研究其他企业或店铺的产品、技术，寻找和自己的产品特点互补、用户群体重合的伙伴。这两个特点一定要同时满足，才能起到跨界创新的效果。

比如，我们开了一家饮品店，可以考虑跟隔壁的小吃店进行合作，消费者在一家店消费时，可以获得另一家店的优惠券或者同时购买对方的产品，这样就能实现双倍客流量的曝光，而且小吃和饮料是产品特点互补、消费群体重合的，既不构成竞争，又能实现双赢。

但是，如果隔壁的小吃店也卖饮品，就说明两家店的产品不互补，而存在竞争关系，这样的合作就大概率无法实现。如果与消费人群不同的店铺，比如隔壁的超市、五金店，就算实现合作，也不会带来很好的客流量和效果。

所以，我们在寻找合作创新的渠道时，一定要找产品互补、消费者重合的店铺作为合作伙伴。

3. 探索跨界合作创新的具体方案

创新不要只停留在纸面上，最好落实到行动中。不管是自身的跨界创新，还是跟其他企业的跨界合作，都要在确定创新点、跨界领域之后，探索落实具体的方案。一个好的办法是"以点带面"进行创新，先不急着大规模投入，而是通过小范围的优惠、部分产品的跨界试水，来观察消费人群的反馈。

"快闪店"或者"限时促销合作"就是很常见的跨界创新试水方式，我们可以定制少量的跨界创新产品，通过短期优惠活动的方式推荐给消费者，而消费者参与优惠活动的方式是使用后填写评价。这样我们就能得到来自用户的一手反馈，再通过这种反馈信息来判断是否需要长期合作或者推出固定产品。

跨界创新是一个非常好的破局思路，不管是大企业还是小店铺，都能通过自我创新、积极合作的方式探索出自己的盈利点。而一旦走出了自身行业的局限后，它们反而能强强联合，打造出自己的特色产品。

第三章

从产品出发，夯实盈利基础

第一节

洞察潜在需求，提早入场机会更多

■ ■ ■

想要盈利破局，打好基础很重要。有的人擅长营销，将宣传作为基础；有的团队有渠道优势，把渠道铺货作为基础。这些都是本末倒置，即使短时间能带来盈利，也不是长期的破局之道。真正想实现稳定的盈利突围，还是要回归到做产品上，好的产品才是真正的盈利基础。而做产品要从消费者需求出发，越早洞察需求，越能提前入场，享受行业发展的红利。

20世纪30年代，一个叫戈尔曼的美国商人在经济危机期间发明了手推车，一举改变了超市的服务方式，让自己的商场也在经济危机中转危为安。

当时，作为家用电器的冰箱正在市面上快速推广，将近一半的美国家庭都开始使用冰箱，这改变了他们的采购方式——在没有冷藏储备之前，大家不敢在超市购买太多生鲜食品，而冰箱的出现，让很多家庭开始一次性采购很多产品，以减少采购时间和精力成本。

戈尔曼通过观察发现，超市的手提篮明显设计不合理，不少顾客都觉得篮子太重，只能减少自己的购买量和购买时间。所以，是不是改进购物篮，减轻顾客的负担，让他们可以更舒适地购买更多产品，超市的收入就会上升呢？

戈尔曼抱着这样的想法，将购物篮改成了手推车，这样大家就可以有更多的时间和精力在超市里挑选了。靠着发明手推车，戈尔曼不仅提高了自己的超市利润，还利用这个专利获得了超过 4 亿美元的收入。现在，全世界的超市都在使用手推车，更是证明了这个选择的正确性。

戈尔曼的手推车创新就是洞察了当时人们的潜在需求，让服务走在了需求前面，才能抢先占据盈利空间。那么，当我们做产品时，如何利用洞察思维去寻找潜在需求并开发市场呢？

1. 寻找潜在需求

潜在的需求是无法从产品市场上直接获得的，甚至很难从消费者的反馈数据中分析出来，因为它早于当前的市场、早于消费者的思维。这时候，考验的就是我们的信息处理能力了。

从相关技术创新点标记潜在需求。行业相关的技术创新会反映在消费者的习惯上，而消费习惯则暴露需求，促使相关产品迭代发展，这中间有一个传播顺序。我们可以直接关注源头创新，寻找潜在需求，这样就能跨过传播链条，走在市场之前。比如，戈尔曼的购物车创新，源头是冰箱的推广改变了人们的采购习惯。

近些年，随着平板电脑及其配套手写笔的不断进步，消费者的潜在需求也在被激发，这无疑加速了行业的创新步伐。由于平板电脑的功能不断提升，手写笔的灵敏度越来越高，适配的绘画和笔记软件也越来越多。根据消费者对手写舒适度的需求诞生了一系列配套产品，比如不同质感的手写笔尖、能模拟纸张感觉的类纸膜等；根据消费者喜欢记录电子笔记的需求，诞生了电子手账品牌、贴纸设计、各类笔记或贴纸软件等。这一切的源头都是平板电脑和手写笔的创新，它们创造了新需求产生的平台，而消费者会在使用中逐渐产生个性化的体验，这就是潜在需求的爆发点。

在社会发展趋势中标记潜在需求。关注时事热点，了解社会需求，是互联网时代的重要"网感"。从社会的发展趋势中，我们可以看到一个群体的集体印象，并从中标记未来的潜在需求。

老龄化是当前社会讨论的一个热点话题。由于社会年龄结构的分布问题，老年人的比例正在逐步上升，而中青年人与自己的上一代有着不同的消费习惯，他们更注重生活的品质、清楚自己的生活要求。这意味着，未来的适老市场是一个非常广阔的行业，将当前中年人的消费习惯移植到老年群体，根据老年人特点定制化服务，将会非常有前景。

例如，我们的生活少不了"衣食住行"四个方面，住就是极其重要的一环，中青年也非常愿意为了品质家居环境而付费，这就孵化了当前相对成熟的装修市场。可适老化的装修和设计理念在国内还非常新鲜，很少有装修团队能精通老年人的需求，设计出方便进出、有轮椅通道、可以确保老年人便利生活的房子，这就是一个巨大的潜在市场。

通过社会的发展趋势，我们可以更早地锚定一个尚未成熟的行业，更早介入，利用先手优势攫取利润。

2. 培养潜在需求

平庸的商家被消费需求牵着走，而聪明的商家懂得培养消费者的需求。

潜在需求先于消费市场出现，往往还没被消费者广泛察觉，这就容易造成一个问题——我们的入场时间太早，思维太超前，服务和产品还没被大家接受，还付出了巨大的时间和物质成本，反而不如晚入场的人盈利多。这时候，我们可以"没有需求创造需求，没有消费培养消费"，化被动为主动，培养消费者。

事实上，戈尔曼的手推车也是这样推广的。这个创新性的设计在一开始并没有得到消费者的喜爱，所有人都觉得这个跟婴儿车一样的怪东西很不方便，尤其是男性消费者。他们认为这会让自己显得特别女性化。这也说明，当时人们虽然对手推车是有需求的，但这种需求没有被顾客自己意识到，因此说这是一种潜在的需求。

戈尔曼怎么处理这个问题呢？他利用顾客的从众心态，雇用了几个模特，每天在超市里推着手推车假装购物。这很快吸引了周围顾客的注意，当他们辛苦提着篮子时，身边有人舒适轻松地购物，对比就非常明显了。而且周围很多人都推着购物车购物，也显得这种行为并不特别，大家融入起来就没有什么心理压力。于是，顾客的潜在需求就这样被戈尔曼显化了。

通过各种宣传方式，我们也可以让潜在需求得到消费者的认可。戈尔曼的"模特"教会了人们接受手推车，而进入互联网时代，"模特"的选择更加多元化。我们可以通过与社交媒体达人合作，让他们帮助推广产品，并宣传产品所解决的问题、解释潜在需求，让需求显化。

电动烫睫毛器就是通过宣传"训练"出来的美妆产品之一。顾客想要获得卷翘的睫毛，普遍方式是使用睫毛夹，通过外力让睫毛暂时变形。

有的商家将其结合了卷发棒的原理进行创新，设计出有一定温度的烫睫毛器，通过热塑形让睫毛卷翘，看起来更加自然。对顾客来说，这种创新虽然很吸引人，也会让人担心是否有安全问题，而商家通过跟达人合作进行推广，让达人录视频、做直播展示产品效果和安全性，很快就得到了顾客认可。

所以，潜在需求的创新更需要宣传，宣传也要侧重于"教学"，让顾客知道怎么用，看到使用效果，他们就会更愿意用。需求就这样被创造和普及了。

做到以上两步，我们才能成功实现提早入局和盈利转化，既不会因为入局晚而无法分到蛋糕，也不会因为入局过早而无法打开市场。

第二节

产品直击"痛点"，才能促成交易

■ ■ ■

　　做一个好产品需要顾及很多方面，如果想面面俱到，不仅开发成本高、开发周期长，产品定价也一定很难压低，最后很可能费力不讨好，不一定得到市场认可。这时候，我们应该重点开发哪些地方，才能最大化地体现产品特色、打动消费者呢？"痛点"思维可能是一个促成交易、带来盈利的方法。

　　作为新能源电车的龙头企业，比亚迪对自身产品的特色和消费者"痛点"把握得非常精准。为了满足不同消费者的多样化需求，比亚迪精心打造了一个产品系列，其价格覆盖了从10万元至近百万元的广泛区间。这样的价格范围使得比亚迪能够更精准地服务于每一个目标消费群体。在低价车区间，比亚迪发现很多消费者比较在乎成本，一个是买车成本，也就是汽车售价；一个是用车成本，也就是电车能源的续航、油耗电耗等。所以，比亚迪的低价车革新就主要针对这两个"痛点"来进行，走"性价比"路线，率先推出了不到 10 万元，且续航时间有巨大突破的新能源电车。新款车一经推出，立刻得到了消费者认可，大量出货。

由于低价车的成本所限，必然会牺牲一些其他配置，但对目标人群而言，价格才是核心"痛点"，其他配置并没有那么重要。所以，比亚迪的做法就是直击"痛点"，将买车成本和用车成本压到最低，以此征服消费者。做产品时，就要有"痛点"思维，不需要样样都做到完美，而是要做到消费者心里。

1. 将"痛点"解决到极致

俗话说"要么不做，要做就做到最好"，这句话在商业市场上也依然适用。想让自己的产品有竞争力，一定要发现"痛点"，抓住"痛点"不放松，将这个问题解决到极致。不上不下是做产品的大忌，这说明产品固然没有什么大缺陷，但也没有超过其他产品的记忆点和特色，因此很难在市场上获得突破并盈利。将一个"痛点"彻底解决，我们就做出了自己的产品特色，一定会有非常在意这个"痛点"的顾客愿意成为我们的消费者。

很多网店在做营销时，只会针对一两件"王牌产品"进行集中投放流量。可能上架了数十款产品，但在营销期间也只有少数几款产品的销量上千甚至过万，一看就是进行了重点曝光。这看起来不利于网店的发展，但仔细观察会发现，这些重点曝光的产品都是非常有店铺特色和"爆款"潜质的。通过营销这些产品，店铺能最大限度地实现流量转化，吸引顾客前来光顾。这时候，部分感兴趣的顾客也会浏览其他产品，并带动购买，时间久了就能形成稳定的流量，让整个店铺的销量上升。

这就是通过一个"痛点"产品打开市场，带动整体营收的例子。

2. 至少做到一个"痛点"的突破

想让自己的产品被市场关注，除了要针对"痛点"下功夫之外，也要做到"突破"。至少有一个解决"痛点"的产品要领先行业普遍水平，这对于产品的推广是最有效的。

在运动手环刚推出时，小米手环就在市场上占据了非常大的份额，其突破点在于价格和待机时间。当时由于技术有限，运动手环很难将电池做大，因此待机时间都比较短，而且手环的生产成本较高，导致价格都在三位数以上。小米通过发挥自己的供应链优势，将手环价格压低到79元，瞬间吸引了市场目光。而且，该手环的待机时间长达一个月，几乎是其他运动手环的两倍时长，让很多消费者都很心动。因此，该款手环在发布时，仅仅凭借这两点，就吸引了大量目光，为后续的畅销奠定了基础。

好的产品不需要营销，可以用特色说话，而产品特点越明显就越引人注目。所以，当成本有限时，我们可以集中投放资源和技术，彻底攻克一个"痛点"问题，将其转变为产品最好的广告。

3. 找"痛点"也要挠"痒点"，用细节征服市场

如果说"痛点"是消费者不能妥协的需求，那么细节就是"痒点"，能

激发众多消费者的购买欲望，并赢得他们对品牌的认可。

淘宝网上有一家知名的书法用品老店，凭借自己专业的服务和产品品质赢得了很多圈内爱好者和专业人士的喜爱。同样的产品，大家宁愿用更高的价格从这家店购买，也不愿去其他店铺。比如，一支硬笔书法专用的英雄牌钢笔，在其他店铺可能卖12元，在这家店要17元，但是店主会安排专人挑选合适的笔尖，并试用一段时间，让新笔尖在书写过程中逐渐被磨光滑。通过这一套"开笔尖"的流程，钢笔变得非常顺滑，使得消费者在使用这家店的钢笔时所产生的书写体验要远远高于其他店铺。通过这种细节的服务，这家店铺赢得了很多专业人士的认可，从而建立了自己的品牌，稳定了客源。

当产品渠道平庸，技术上也没有什么"痛点"上的突破时，我们像这家书法用品店一样做好细节，也能挠到消费者的"痒点"。这样不仅能起到吸引消费者的作用，还能提升产品和服务的品质感。

通过以上三个角度，我们可以在产品优化上打出一套"组合拳"，在消费者需求上实现精准突破，完成盈利目标。

第三节

快速迭代才能抓住机会风口

■ ■ ■

在互联网时代，产品和服务的更新速度越来越快，消费者的需求也越来越多元化。在这一发展态势下，企业必须适应快速迭代的模式，即快速推出新产品或新版本，通过持续的试验与改进，满足消费者不断变化的需求，从而建立企业的核心竞争力。

作为中国消费电子巨头的小米，从诞生之日起基因中就写满了"创新迭代"。2010 年，雷军带着十几人的团队，喊出"要做最好的手机，卖一半的价钱"。4 年后，小米手机的市场占有量果真达到了中国第一。当智能家居的概念兴起，小米迅速响应市场需求，推出了各类智能硬件产品，使得这些智能设备在不知不觉间走入了千家万户。2024 年，在新能源车的浪潮下，小米更是推出了自己的第一款新能源车"SU7"，引发了互联网的广泛关注和热烈赞誉。小米不仅贯彻了同一产品不同版本的快速迭代法则，也将这种迭代思维运用到了不同产品和赛道上，因此才能一直站稳风口。

细究小米的快速迭代思路，我们可以提取其核心方法并应用在自身的产品更新上，打造可复制的盈利模式，实现自身的产品破局。

1. 利用互联网平台，收集用户需求

快速迭代不是盲目地更新换代，一些经营者只学到了迭代的表面模式，却没有把握迭代的核心——用户需求，因此让一系列操作变得吃力不讨好。

互联网平台拉近了企业和潜在消费者之间的距离。企业可以善用自媒体平台进行市场调研，了解用户的真实需求和期望。只有建立了用户反馈、交流的渠道，并重视用户的意见，才能找到产品真正的市场。

在抖音、快手等热门短视频平台上，一位90后创业者曾通过拍摄视频的方式推销其亲手打造的传统竹编制品，但遗憾的是，销量并不高。直到有人在视频下评论："竹编筐用来做猫窝吧，我家的猫很喜欢。"一瞬间引来了大量养猫人士的关注，"猫奴"们纷纷留言要求商家出一款竹编猫窝。

商家没有因循守旧放弃这一波流量，而是趁着机会积极跟网友讨论，保持热度，让平台算法一直引流使新人进入店铺。同时，商家还带上了"手工猫窝""非遗猫窝"等话题，于是很快形成了一定的讨论度。利用这波热度，商家收集了大量潜在用户的反馈，然后根据高赞评论整理出网友想要的猫窝外形、大小，快速赶工了一批产品投入市场，很快就实现了爆单，一时间"90后女孩竹编猫窝日销50多万元"的话题词甚至冲上了抖音热搜。现在，该账号的品牌效应已经稳定，竹编猫窝有了持续的盈利。

快速迭代的第一步就是收集消费者需求，可以从下面几点出发。

（1）定期进行市场调研，了解用户的需求和期望。有了迭代意识后，一定不要"闭门造车"，商家应意识到消费者需求是引导产品迭代的关键，根据产品迭代的周期，在提出产品方案、制订产品生产计划、打样、市场预估等多个阶段都分别进行针对性的调研，不断收集来自市场的反馈。

（2）建立用户反馈渠道，如社交媒体官方账号，或直播平台、官方论坛等，打通沟通环节。利用好互联网平台，建立自己的官方账号，收集用户需求就会变得容易许多。在建立账号时，需要根据品牌调性和产品赛道来选择重点沟通的平台，比如美妆、服饰、学习用具等，核心用户可能在小红书相对活跃；而美食、三农、生活用品、家居等，则更容易在抖音平台引爆话题。在相关的重点平台投注更多精力，可以让我们快速获取高附加值的反馈。

（3）分析用户行为数据，了解用户的使用习惯和"痛点"，再针对性提供迭代产品。除了给用户提供直接的调查问卷或沟通渠道外，主动分析各平台粉丝的画像，根据用户行为数据了解他们的群体特征与习惯，也可以侧面让商家捕捉到用户的"痛点"，从中提取灵感用于开发产品。比如，20～30岁的女性粉丝，就更适合往轻快俏皮、注重审美的设计方向去迭代产品。这需要有一定的数据积累，用户画像越全面，产品的迭代和营销方向就越清晰。

2. 小范围快速试错，有效降低迭代成本

快速地推出新产品或新版本进行市场测试后，商家可以根据测试结果，及时调整产品设计和策略。将快速的试错迭代控制在小范围内，能有效减少失败的代价，也能提高迭代的效率。降低迭代成本的关键在于以下两点。

（1）测试新的产品功能或服务，激发用户评论热情。在将大货正式推

向市场之前，商家可以在社交平台展示几款不同的打样，并鼓励用户评论选出自己最喜欢的款式。为了避免用户参与积极性不高，可以通过一些奖品及现金反馈来鼓励网友参与，比如在社交平台上设置"点赞或热度最高的评论，用户可以免费获赠样品""从转发评论的用户中抽取 × 人，发放红包"等。最好选择赠送产品的方式，这样能筛选掉只是为了红包而来、随意发表评论的用户，让得到的反馈更可信。

（2）快速试错的关键在于小范围试点，最好选择潜在用户。小范围征询用户意见，不仅降低了成本、增加了产品迭代的次数，还能减少迭代的周期、提高产品优化的灵活性。但如何选择试点范围是比较考验商家的一点。商家可以根据品牌发展需求设置迭代的用户参与范围，比如社交平台的粉丝、有购买记录的熟客等。前者不仅实现了产品试错调研，还能增加粉丝量和关注度；后者的目的则是给老消费者提供产品福利，从而增加用户黏性。有经验的用户反馈往往也是最有参考价值的。这样一来，活动不仅帮助品牌收获了许多高质量的潜在用户评价，明确了产品的迭代方向，确定了大货的款式，还大大减少了品牌试错成本，而付出的代价只有几件赠送的样品。

3. 持续优化，建立迭代习惯

根据用户反馈和市场反馈，持续优化产品和服务，才能建立快速迭代的习惯，真正将这种方法沿用下去，实现长久的盈利。我们要始终记得，优化的目标是提升用户体验，满足用户的需求。

市场是持续变化的，迭代也不会一次到位，需要持续优化、建立迭代习惯。企业可以从以下三个角度出发。

（1）根据用户反馈，长期优化产品功能和用户体验。就像之前所提到的竹编猫窝。一开始，消费者只需要一个足够大、足够安全的圆形猫窝，但是随着讨论人群的增多，消费者的需求也逐渐复杂——有的是多猫家庭，希望竹编猫窝可以做成好几层，容纳不同猫咪；有的猫咪体型特别大，希望有特殊的型号；有的家庭装修风格比较独特，希望猫窝有设计感……商家不仅没有忽视这些需求，还不断创新，逐步推出了多层猫窝、竹编爬架、大型猫窝，甚至是猫咪隧道、竹编球等宠物游戏产品，让用户多次回购。

不要将收集用户反馈、优化产品当作一时的工作任务，一款"爆款"产品的灵感往往来自某个不经意的提议。因此，商家要时刻保持敏锐，及时察觉用户的需求，随时把握市场风向。

（2）根据市场反馈，调整产品定价和营销策略。市场的反馈是最直接的，营销策略的好坏能直接体现在近期流水高低上。因此，商家要重视市场反馈的数据，每天进行流水复盘，在新版本产品推出、营销铺开的时间段实时关注成交数据曲线，利用一些平台自带的交易流水监控工具来分析交易量上涨和下落的原因，适时调整营销策略。

（3）根据内部反馈，优化产品开发和运营流程。用户和市场的反馈是有实时性的，而内部专业人士的反馈往往具有前瞻性，这些声音也能帮助商家提前优化产品的开发流程。在新版本或新产品的方案阶段，就要提倡团队人员参与讨论，并给出意见，这样才能从产品、技术、市场、售后等多个角度完善整个方案，提高可实施性，让产品更完美。

通过以上方法，我们可以轻松实施快速迭代，提升产品的用户体验和市场竞争力。在互联网时代，快速迭代是企业成功的关键，只有跟上消费者的需求，才能保持企业的长久竞争力。

第四节

优化用户体验，将投诉变为好评

■ ■ ■

　　在现如今消费者主导的市场环境中，用户体验已成为产品成功的关键因素。一个好的产品体验不仅能吸引新用户，还能有效地留住现有用户。然而，即使再优秀的产品也难免会遇到用户投诉，如何处理这些投诉，并将其转化为产品改进的机会，是企业实现盈利破局的重要途径。通过重视用户反馈，快速响应并利用用户建议持续优化产品，我们不仅能提升用户满意度，还能将差评转化为好评，进而增强市场竞争力。

　　作为中国小家电市场的知名品牌，九阳一直非常重视用户的反馈，他们的一款拳头产品"铁釜电饭煲"就是基于用户感受设计出来的，果然得到了市场的认可。

　　起初，九阳公司的销售人员在售卖产品过程中，发现顾客有一个普遍行为——大家在选择电饭煲时，都喜欢将内胆从中拿出来掂一掂重量，或者摸一摸内胆的厚度。也就是说，顾客认为真材实料的电饭煲一定会把内胆做厚、做重。

很快，九阳就推出了一款铁釜电饭煲，营销的卖点就是其用料十足的内胆。想把内胆做薄不容易，做厚也一样困难，因为内胆太厚会影响导热，如果控制不好，就会影响饭的口感。技术人员曾经表示，要让电饭煲内胆的重量在不影响煮饭口感的前提下，达到1550克很难，但团队经过几次商量后，还是没有减轻内胆重量，而是通过技术改进克服了这个问题。

铁釜电饭煲成功做出了更重、更还原铁锅煮饭的内胆，让煮出来的米饭味道更香。更重要的是，顾客掂一掂内胆，立刻就能感觉到它与其他电饭煲的不同。用户体验得到了极大的满足，大家自然更愿意选择它。

坚持用户至上的理念，真正将消费者的需求放在心上，就不会轻视用户提出的建议或差评。任何跟用户感受相关的问题，如果能得到解决，都会让用户产生认同感，九阳电饭煲的成功就是一个例子。而我们在做产品的过程中，也可以通过灵活的响应机制将消费者的问题变成指导创新的方向，通过优化用户体验，将投诉转变成好评。

1. 多渠道收集用户反馈

如果我们的产品有官方网站或者应用平台，首先要在官方渠道内部设置用户反馈表单，方便用户随时提交意见和建议。更灵活的方式是利用社交媒体平台来监控用户的实时评论，及时获取大家的真实声音。当然，客服也是必不可少的，我们可以提供多种联系方式，如客服热线和邮件，确保用户能方便地进行投诉和反馈。

我们的用户可能会反馈各种各样的问题，因此在收集问题之后，一定要进行分类并划分出优先级。可以先根据反馈的内容，把投诉和建议分类处理，比如产品问题、服务问题、物流问题之类，然后根据紧急程度和影响范围来进行处理，先把重要的、影响大的问题尽快处理掉。

2. 及时响应展现态度

当用户提出投诉或者表达不满时，他们不仅期待看到我们提供的解决办法，还希望了解商家的处理态度，所以尽快响应是很有必要的。可以建立一支客服团队，专门处理相关问题，做到24小时内反馈处理，确保用户的问题有人跟踪。不管最终处理结果如何，至少态度这一关，不能让用户觉得不满。

> 小陈在日本经营了一家包车公司，为旅行的游客提供短期包车服务。在一次花火大会期间，小陈协助几名游客组成了拼车，但因为大家的上车地点不同，有的游客希望集合出发，有的游客想让车到酒店来接，大家就产生了分歧。
>
> 集合出发可以节省时间，减少包车的费用，而单独接送则更加方便。发现客人的意见无法统一，且部分客人觉得安排不公平后，小陈立刻出面积极协调，通过规划出发时间和路线，尽量压缩接送时长，并承诺如果超时自己可以负担相关费用，游客闻言都感到很满意。之后，有几名游客被小陈的服务态度打动，又下单了去其他地方的包车，给小陈带来了几笔新订单。

不管是做服务还是做产品，让用户感觉到积极处理问题的态度是非常重要的。作为产品制造商和服务提供商，我们如果能重视并满足用户需求，就会得到用户的信赖，卖产品或服务就不再是问题。

3. 将用户反馈应用于产品改进

处理完用户的反馈和投诉，只是初步解决了问题，要想将投诉变成改进的动力源，就要将它应用在产品改进中。因此，我们要收集所有用户反馈和投诉数据，进行系统分析和总结。根据数据分析结果，归纳出产品和服务存在的主要问题和改进方向。

> 一家以"健康减脂"为核心的快餐店非常重视消费者的反馈，消费者在外卖平台上提出的问题和数据，店主都会关注，并根据需求优化餐品。比如，提供了多种不同口味的酱料供人选择、改进餐品的咸淡口味、增加各种肉类等。由于店主非常"听劝"，这家店逐渐有了很多忠实顾客，回头率非常高。

所以，归纳出问题只是第一步，利用问题进行产品迭代和优化才是目的。可以将用户反馈这一环节纳入产品开发流程，持续进行产品和服务的改进，提升用户体验。

4. 主动与用户沟通并宣传改进成果

如果我们根据用户的反馈改进了自己的产品，一定要将处理结果及时告知用户，展示我们对用户反馈的重视和处理进展。这也能增强用户的参与感和信任感，让他们感觉产品的进步有自己的一分力量，也往往能拉近和用户的关系，收获更强的用户黏性。

我们也可以邀请用户见证和体验改进后的产品和服务，通过用户的真实评价，提升品牌美誉度和影响力，塑造自己的口碑。

通过以上四步，即使是差评，我们也有机会将其转化为好评，将原本不满意的用户变成我们的忠实顾客。

第五节

管理产品生命周期，把流量用在刀刃上

■ ■ ■

人有青年、中年和老年，产品也有自己的"寿命"，但即使是再长销的产品，也有发展期和成熟期。在产品生命周期的不同阶段，我们需要采取不同的策略来管理和推广，以延长产品的销售周期。特别是在产品的扩张期，有效地进行宣传，将有限的流量资源用在刀刃上，是实现盈利破局的关键。

麦当劳作为全球知名的连锁快餐品牌，也不可避免地经历了完整的产品生命周期，品牌在各个阶段的运营重点也截然不同。

20世纪90年代，麦当劳进入中国市场时，消费者对快餐文化和汉堡薯条的认知尚处于起步阶段。此时，快速建立品牌认知并吸引第一批忠实消费者是麦当劳的发展重点。麦当劳通过"金色拱门"标志和"麦当劳叔叔"等全球统一的品牌形象，迅速吸引了消费者的注意力，并通过广告宣传强调"快乐、家庭、友好"的品牌文化，推出免费试吃活动

和儿童主题套餐，吸引家庭消费者和年轻人。

进入成长期后，麦当劳的市场知名度和门店数量快速增长，但也面临来自其他国际快餐品牌和本地餐饮品牌的竞争。麦当劳的经典产品"麦辣鸡腿堡"就是为中国地区专门研发的汉堡。

当麦当劳的市场覆盖范围趋近饱和时，品牌进入了成熟期。在这一阶段，重点从快速扩张转向维护市场份额，通过优化内部效率和提升用户体验来保持盈利能力。

和麦当劳一样，大部分品牌和产品都会经历不同的发展阶段，这就是"产品生命周期"的概念。通常，产品生命周期可以分为导入期、成长期、成熟期和衰退期，每个阶段都有其独特的特征、挑战和机会。而我们想要优化产品实现盈利破局，就要了解不同阶段应该做什么，将宣传流量、维护精力用在该用的时期。

1. 导入期：大量宣传推广，建立品牌形象

在导入期，产品刚刚进入市场，知名度和销量较低，市场推广成本高，但这时候不能因为成本高就吝于宣传，要想建立市场认知，吸引早期用户，就一定要舍得投放宣传。密集的宣传，可以帮助我们有效建立品牌形象；同时，提供优惠或试用机会，也有助于对用户进行教育引导，建立用户对产品的认知，培养他们的购买需求。

小区楼下开了一家瑜伽馆。在开业初期，瑜伽馆进行了大力宣传，不仅办了热热闹闹的剪彩仪式，还给小区业主和住户提供了大量优惠课程，"9.9元瑜伽体验课"的宣传很快就传遍了小区。由于之前这附近没有瑜伽馆，住户并没有参加瑜伽课的习惯，但上完体验课之后，不少住

户都觉得这里的老师专业，上课又便捷，因此很愿意报名正式课程，瑜伽馆的客源就逐渐稳定了下来。

2. 成长期：做大市场，提升竞争优势

产品进入成长期的表现是，逐渐被市场接受，销售量快速增长，但是竞争者也开始进入市场。这时候，也要加强市场推广，开拓销售渠道，同时积极改进、提升产品的功能，这样才能扩大市场份额，提升品牌认知度和竞争优势。

3. 成熟期：维持份额，减少宣传，降低成本

任何产品都有成长的瓶颈期，此时市场需求趋于饱和，销售增长放缓，竞争激烈，价格压力也会随之增大。这就是产品的成熟期，进入这一时期，我们会发现再多的宣传也很难转化成盈利，因为产品的市场需求就那么大，已经尽可能地开发到了极限。这时候，就应该转攻为守，减少宣传，多进行渠道和成本优化，通过维持市场份额，降低产品成本，来延长产品的生命周期。

4. 衰退期：寻找新的机会，逐步退出市场

当产品进入生命末期，市场需求下降，销售量减少，利润率降低，就是我们该寻找替代方案的时候了。要遵循产品的市场规律，一旦进入生命周期的尾声，就不要再强行"续命"了，而应减少市场推广和产量，以降低成本。然后，寻找新的替代产品，将剩余价值最大化。

在产品生命周期的不同阶段，我们应该选择不同的产品运作模式，这样才能将成本精打细算地用在刀刃上，将盈利空间拉开。

第四章

加强团队建设，凝聚破局力量

第一节

打造"嫡系"，核心团队稳住大局

■ ■ ■

在团队和企业中，培养一个核心团体非常重要。这不仅是为了提高运营效率，更是为了帮助我们在市场竞争中找到突破口，实现盈利。核心团队可以被视为企业的"火车头"，带领整个企业稳步前进，尤其在面对市场波动和内部挑战时，核心团队的稳定性和执行力能够稳住大局，确保持续发展。那么，如何通过打造核心团队来实现盈利破局呢？

作为全球领先的科技公司，华为成功的一个关键因素就在于"铁三角"团队模式。这个模式指的是由销售、技术支持和交付三方面的核心人员组成的团队，他们紧密合作，共同负责一个项目或消费者的全生命周期管理。

其中，销售负责市场拓展和消费者关系维护，技术支持负责提供技术解决方案和售前支持，交付负责项目实施和售后服务。这种模式确保了每个项目都有一个稳定、高效的核心团队，从而提高了消费者满意度和项目成功率，最终实现了华为在全球市场的稳步扩展和盈利增长。

华为的"铁三角"模式，其实就是根据项目拆分出不同的小团队，每个小团队的不同职能都有自己的核心负责人，能带领大家完整实现一个项目，做到机动化、灵活化地处理问题。"火车跑得快，全靠车头带"，关键职能由核心成员来担任，才能做好表率并负起责任。从这个模式中，我们可以学到很多关于团队建设的破局思路。

1. 明确核心团队成员和职责

想要建设一个稳定的团队，首先就要根据业务需求选择关键岗位的人员，如销售、技术、运营等。每个不同的关键职能岗位，都要有至少一个核心成员，这是稳住团队的重要一步。

> 某平台博主在全网粉丝过千万，曾经通过拍摄一系列搞笑视频获得了极大流量和关注，而这背后不仅有博主自己的努力，也有他的导演团队付出的辛劳。但在发展后期，博主和自己的团队发生了分歧，导致策划导演离开了团队。
>
> 由于大量核心剧本都出自该策划导演，他的个人风格对频道和账号的影响很大，因此该导演离开后，博主的新视频就失去了原来的感觉，导致粉丝流失严重，曝光量也下降了。

很多小团队都有这样的问题——一些关键职能岗位，只有一两个人负责，而且稳定性不强。一旦他们离职，团队就会出现青黄不接的问题，很难有人立刻接手相关工作。所以，关键职能岗位一定要安排核心员工，如果有必要可以安排两名以上员工兼任，才能保障稳定。同时，还要制定清晰的岗位职责和目标，确保每个核心成员都知道自己的任务和责任。我们可以定期评估核心团队的表现，及时进行调整和优化。

2. 给团队成员提供培训和发展的机会

想打造核心团队，就要舍得培养团队成员，让员工在职场上能看到发展，能享受到好处，他们才愿意踏踏实实地在这个岗位上工作，我们的团队才能稳定。要给有上进心的成员提供培训和发展的机会，可以从内部培训和外部学习两方面入手，比如定期组织内部培训，提升他们的专业技能和综合素质，鼓励他们参加行业会议、研讨会和培训课程，获取最新的行业知识和技能。

在美容美发行业，一种近乎"学徒制"的团队管理方式，就给新人提供了发展机会。刚进入行业的新人，往往是在店里从事一些简单的工作，同时主要跟资深的美发师、美容师进行学习。这些年轻人能在工作中得到发展、学习技术，就更愿意在店里干得长久。而成长为资深美容美发师之后，他们也会参与业内的培训，比如报名某些培训等，接触前沿的审美和技术，不断提升自己的实力。这就是一种持续的职场培训。

同样，我们也要为核心团队成员制订职业发展规划，提供晋升和发展的机会，增强团队凝聚力和忠诚度。

3. 通过激励措施让团队成员产生积极性

要打造核心团队，就不能只要求团队成员付出，我们也要提供相应的激励措施，大家才能看到好处，乐于上进。制定科学的绩效考核指标，定期评估核心团队成员的工作表现，并根据绩效考核结果提供奖金等激励措施，可以激发团队成员的工作积极性和创造力。另外，如果我们要提倡大家进行团队合作，强调集体利益，就可以设置团队奖励机制，根据团队整体表现奖励团队成员，增强团队合作精神。

培养一个核心团队是企业实现盈利破局的关键。只有当核心的团队凝聚起力量，成为企业的"火车头"，企业才能实现长期的盈利和发展。

第二节

提升协作效率比多招人更重要

■ ■ ■

当团队资源有限时，人员扩充的成本和风险较高。相比于增加人手，提升团队的协作效率可以更有效地提高工作效率和产出，从而实现盈利破局。高效的协作不仅能优化对现有资源的利用，还能增强团队凝聚力，提升整体绩效。

真正在企业工作过的人都知道，能把一件事情说清楚，对提升协作效率来说有多么重要。世界知名的咨询公司麦肯锡就有一套"30秒电梯法则"。麦肯锡公司认为，沟通的目的就是简洁高效地传达信息，任何重要的关键内容都应该在30秒内说清楚。

简单来说，麦肯锡的30秒电梯法则就是假设你在电梯里遇到了自己的上司，但只有30秒的时间向他介绍自己的工作或者想法，在这极短的时间内，你要尽量清晰简明地把最重要的核心信息传达给对方。在这短暂的沟通过程中，明确自己的目标很重要，同时还需要抓住沟通的核心主题，突出自己的优势，吸引对方的兴趣，最后告诉对方你需要哪些支持和行动。

很多公司采纳麦肯锡公司的 30 秒电梯法则，并且都取得了不错的效果。正是因为麦肯锡在运营公司、管理团队等方面有着独特且深入的洞察，它才能成为最好的咨询公司之一。

除了在沟通上提高团队的表达能力，我们还有很多方法提升协作效率。将现有的资源运用好，最大化地发挥团队成员的能力，提升合作的效率，比多招人更有效果，更能从根本上优化团队建设，减少运营成本，实现更大的盈利。

1. 建立扁平化的管理结构

对团队来说，冗杂的管理层级往往是让合作效率下降的罪魁祸首，尤其是许多小企业，完全可以减少不必要的管理层级以及部门设置，将责任和权力尽量下放到员工身上。通过扁平化的结构来管理，增强员工的自主性和责任感，不仅能降低沟通成本、管理成本，也能让员工感受到更大的自由度。

小米公司自成立以来，一直以其独特的管理模式和企业文化闻名，其中扁平化管理是他们成功的关键因素之一。小米的创始人雷军经常通过内部邮件、即时通信工具与员工直接沟通，减少中间层级，使得信息可以更迅速地传递，避免过程中的失真和延误，从而提升整体沟通效率。而且，扁平化管理使得小米能够更快速地做出决策，及时响应市场变化和消费者需求。比如，小米在产品开发过程中，就能够灵活地根据消费者和市场反馈调整产品策略。在这个过程中，因为减少了层级审批过程，使得决策可以更迅速地执行。

2. 明确项目安排目标

身为团队的管理者，安排项目时一定要有目标感，思路清晰，知道在什么时候应该做什么事。一个团队的协作效率之所以不高，往往跟团队成员缺乏目标有关：要么就是成员各自为政，大家的目标并不统一，导致每个人努力的方向不同，很难高效合作；要么就是团队没有明确提出过统一的目标，导致大家如无头苍蝇一般混乱，虽然看似很忙，但根本不知道在忙什么。

所以，领导者需要有目标，也需要让团队成员理解目标。因此，管理者可以将项目通过树状图或其他方式进行拆解，标记出每个阶段要在什么时间内完成、达成什么指标，清晰地划分出工作的方向，以及每个成员当前需要做什么，未来要实现什么目标。

这些目标一定要具体、可落实，领导能够精准地规划每个时间段内各成员需完成的任务，确保每位成员都清楚当前的重点工作。这样既能实现个人目标，又能促进团队共同的大目标达成，从而极大地提升工作效率。

3. 强调提升沟通能力

提升团队内的沟通能力，可以帮助大家有效提升合作效率。有的人天生就不擅长表达，但是我们可以通过在团队内推广一些可以参考的方法论，让大家理清自己的思路。

（1）明确信息。明确自己要传达的核心信息以及发言的目的，这样可以在沟通时始终关注重点。

（2）梳理逻辑。在表达之前先整理一下自己的逻辑，可以按照"先说背景，再提问题，指出影响，提出方案，询问求助"的顺序去表达，即通过描述背景让沟通对象建立基本认识，然后描述产生的问题以及可能的影响,让对方明白当前情况,接下来再提出自己的方案并说明需求,让对方更愿意配合和支持。如果一开始就直接提出需求,也不向对方解释这样要求的目的,哪怕对方是同一个团队的同事,也很难立刻就响应配合。所以,做事的效率与沟通的水平也有极大关联。

(3)最终确认。确认沟通对象是否理解了自己的意思。沟通成本高的主要原因,就是信息在传递过程中失真了,对方其实没有明白我们的意思,因此做出了错误的应对。所以,在沟通的最后,确认一下对方是否理解,并不会花费我们多少时间,却能极大减少沟通中的意外。

通过管理模式、项目目标、沟通能力等多个角度的改进,我们能显著提高团队协作效率。在保持运营成本不变的情况下,这种高效率的工作方式将直接促进盈利能力的增长。

第三节

带好团队要有领导力三要素

■ ■ ■

一个团队能不能实现破局突围，领导者的水平也很重要，优秀的领导者不仅可以做好项目工作，也能激发团队成员的潜力，让大家向着共同的目标前进。管理团队时，我们要具备关键的领导力三要素，才能得到团队的信任，凝聚团队的力量，实现共同的盈利目标。

苹果公司作为全世界知名的消费电子品牌，也曾经一度濒临破产，险些消失在历史长河里。1996 年，创始人史蒂夫·乔布斯离开苹果之后，苹果曾经陷入巨大的财务危机，市场份额也被国际商业机器公司（IBM）等公司挤占，几乎到了发展的绝境。第二年，乔布斯回到了苹果，并开始了大刀阔斧的改革——将苹果的产品线简化到极致，取消了大量不盈利或边缘化的产品线，只集中资源开发少数几款具有革命性的新产品。

即便是现在，电脑或手机厂商也习惯推出不同的产品线，通过调整定价、配置等来满足不同消费者的需求，实现更高的市场占有率。但是，苹果在市场份额萎缩的当时，不仅没有扩大生产、推出更多产品类型，反而进行了极致的精简，这实在是一步险棋。

但是，这种简化使得产品线更加清晰，用户更容易理解和选择，反而让苹果的产品特色在消费者心中留下了更加深刻的印象。同时，乔布斯大力推动了 iMac、iPod、iPhone 和 iPad 等一系列创新产品的开发，着重强调产品设计和用户体验，使得这些产品不仅重新定义了各自的市场，还极大地提升了苹果的品牌价值和市场份额。

好的领导者有解决问题的能力，能在关键时刻力挽狂澜。我们可能无法达到乔布斯的水平，但我们可以学习他的领导力，从中获取能够复制和移植到自身团队的经验，让我们自己的团队可以走得更顺利。那么，一个优秀管理者的领导力，应该具备哪三个要素呢？

1. 第一要素：解决问题的能力

作为管理者，我们有解决问题的权力，但不是每个领导者都有解决问题的能力。有的人是发现不了问题，还有的人是发现了问题但不愿意解决，归根结底还是缺乏洞察问题的眼光和做决策的判断力。

一家小企业主在创业初期，就将自己的老婆安排在了财务总监的位置上，并给妹妹、小舅子等一干亲戚都在公司安排了职位。有人劝告他，一定不要把公司做成这种家族企业，在后期管理上会出问题，也显得不专业，影响企业的发展。他虽然意识到了问题，但是考虑到自己的家人比外人更可信，还是舍不得改变。

后来，他的生意做得更大了，家人在企业内的权力也更大了，导致公事私事很难完全分开，其他员工经常抱怨"关系户"权力太大，影响正常工作。为此，几个能力不错的员工都离职了。再加上他的老婆执掌财政大权，却很难跟专业财会一样严格地依法照章办事，终于在某一年的财务审查中出了问题，让他一家焦头烂额。

看到问题所在，却因为短期的好处或困难而不愿意解决问题，是一种懦弱的行为，也是身为领导者最不应该有的问题。如果想实现长久的盈利，就一定不要回避问题，遇到问题要"由表及里，由思考到行动"，也就是从表面问题去思考深层原因，找到深层原因后付诸行动，而不是期望规避。

2. 第二要素：成就他人的能力

好的领导者除了能解决项目和团队的问题，也能成就、激励员工，激发他们的潜能。成就他人的前提是了解他人的需求。根据马洛斯需求层次理论，金钱和物质的需求处于金字塔底端，是较低层次的需求，而自我实现的需求则位于最高层次。也就是说，我们在管理团队时，想成就他人，要从多个层次入手。比如，通过奖金激励、绩效肯定，满足员工在物质层面的需求；通过引导员工了解完成项目的意义，让他们体会工作的成就感，满足他们自我实现的需求；等等。多层次进行激励，才能成就他人。

3. 第三要素：自我突破的能力

越是作为领导者，越要懂得自我监督和成长，要具备自我突破的能力并带领团队实现突围。首先，我们需要坚持终身学习，持续提升自我认知和专业技能，这是因为知识和技术在不断更新，只有不断学习才能保持竞争力。其次，保持开放心态至关重要，我们应主动接受团队成员、同事和消费者的反馈，虚心听取意见和建议，通过这种方式发现自身和团队的不足并及时改进。最后，面对新技术、新趋势和新挑战，要勇于尝试和探索，避免因故步自封而错失良机。

　　每个团队的风格都是领导者个人性格的展现，想让团队实现盈利突破，我们自己要先做到敢拼敢闯，愿意改变，能够成就别人，也能突破自我，才能影响团队的建设。

第四节

让员工像老板一样负责

■ ■ ■

　　在团队中，员工的积极性和责任感直接影响着公司的运营效率和盈利能力。如果员工像老板一样负责，公司何愁无法盈利呢？员工一旦具备了强烈的主人翁精神，不仅能自发地提高工作效率，还能积极参与到公司的创新和发展中，推动团队的整体进步。

　　位于河南的"胖东来"，以"把顾客当成上帝"的服务态度，和员工"以企业为家"的责任感闻名全国。这种服务态度、责任感和主人翁意识的形成并非一朝一夕，了解后就会发现，它诞生于创始人于东来的管理理念，并通过企业文化建设逐步培养出来。

　　胖东来注重营造一个尊重、信任和合作的工作环境。公司坚持"以人为本"的管理理念，尊重每一位员工的个性和需求。比如，胖东来不仅不提倡加班文化，还很排斥加班，甚至要求员工在休息时间不许接工作电话。员工在这样的环境中，能够感受到被尊重和重视，从而更加积极主动地投入工作，像老板一样关心公司的发展。

此外，胖东来还强调"工资最高时，成本最低"的观念，认为通过高工资和高福利让员工满意，员工就会让顾客满意，从而带来盈利的正面循环。因此，胖东来员工享受每年30天的带薪年假，甚至还有"委屈奖"，奖励正常流程工作下受到委屈的员工。同时，创始人于东来也将自己的股权分给了员工，让大家共享胖东来的发展红利。

"胖东来"的成功中，有一点十分让人瞩目，就是"工资最高时，成本最低"的观念。这是对隐性用工成本和盈利的一种解释。举个例子，当我们给员工的工资比较低时，虽然运营成本看起来低了，但是员工的满意度会下降，优秀的员工可能会离职，留下的人也不一定会高效率工作；相反，如果给员工高工资，则能吸引更多效率高、技术强的人才，每个员工创造的价值会更高，随着满意度提升，他们也会更愿意用心工作，反而能创造更多盈利。所以，想让员工像老板一样负责，就要提升员工的满意度。

1. 与员工共享利润

制订合理的利润分享计划，将团队利润的一部分分配给员工，能有效激励他们为团队的成功而努力。在实际操作中，一定要保证公平性和透明性，才能让员工真正满意。我们可以定期评估成员的工作情况，调整利润分享的比例，确保能让大家感受到公平并享受激励成果。同时，要有一个统一的标准去解释利润分享原则，保证分享的透明度，让大家都能了解自己的贡献和收益，认可这种分享，才能真正增强员工的主人翁意识。

2. 让员工了解决策方向，产生安全感

很多时候，员工不愿意为团队负责，是因为对团队不信任。我们可以

问问自己：在做决策时有没有跟员工分享信息呢？他们对决策的目标和团队未来的发展有了解吗？如果员工什么都不知道，就容易产生不安全感和不确定感。所以，当做出跟团队有关的决策时，我们一定要尽可能地将信息通过固定渠道传达给员工，让大家充分了解并理解，减少误读，从而增强团队的凝聚力。

3. 适当给员工放权，激发主动性

当员工得到更多的权利和自由时，他们会感受到我们的认可与信任，这种信任会反向增加他们的责任感和归属感，让他们愿意在工作中体现自己的价值。同时，相对的自由赋予了员工在工作时的灵活性，也能激发他们的创新意识，增强其满意度。但是，放权给员工要有合理性，一定要在一定范围内进行约束和提供帮助，才能产生正反馈。

我们需要明确授权范围和目标，为员工设定清晰的职责和权力范围，并与他们共同制定具体、可衡量的目标，提供必要的资源和支持。放权并不代表我们完全不关心、不负责，而是要确保员工在执行任务时拥有所需的资源、信息和支持，员工才能够更自信地承担责任，积极寻求创新和改进。此外，要建立快速的沟通渠道，鼓励员工在遇到问题时及时反馈，并提出自己的建议和想法。

其实，想让员工像老板一样为工作负责，核心就是让员工也在自己的职能范围内"当老板"。体会一定的责任感、获取一定的决策权并得到相应的激励，自然就能激发他们的工作动力，让团队和员工共同获利。

第五章

营销为王，破局先破圈

第一节

打造强势品牌，"高逼格"才有破局基因

■ ■ ■

做产品不仅要着眼于短期盈利，更要考虑长期的回报。长期回报就是稳定的现金流，能给企业源源不断地"输血"。而想获得这种长期效应，打造品牌是一条非常重要的路线。品牌就像企业的"名字"，有了品牌，消费者才能长期记住企业的产品，在有需要时愿意去购买，而打造品牌实现破局的关键词，就是"高逼格"。

> "高逼格"意味着品牌必须会"讲故事"，著名的高端护肤品"海蓝之谜"系列，就有一个传奇的来源故事。
>
> 在品牌故事中，海蓝之谜的传奇面霜是前美国宇航局物理学家麦克斯发明的。他在一次实验中意外烧伤了面部，经过医学手段治疗后依然留下了严重的疤痕。几乎毁容的痛苦让麦克斯决定自己研发一款产品改善伤疤，经过了12年的潜心研究，他终于成功研制出了一款能让自己的皮肤修复如初的神奇面霜，这就是后来的海蓝之谜。

这个故事让海蓝之谜的面霜充满了神秘感。"美国宇航局""物理学家""12年闭门研究""医学奇迹",这些关键词结合在一起,自然就增加了面霜的含金量,让消费者的好奇心达到了顶峰。

但实际上,海蓝之谜的面霜并不能实现医学都无法实现的效果,其疗效在故事中显然被夸张化了,故事背景的真实性也有待考证。只是,一个故事经过了这样生动的润色之后,就变得十分传奇、具有吸引力,而这就是品牌故事所需要的格调。

我们想要打造一个有影响力的品牌,品牌格调就一定要高。只有品牌足够强势,才能如同锥子一般破囊而出,实现盈利破局。不管是打造背景故事,还是吸纳品牌的忠实粉丝,都有助于帮助我们的品牌突围。

1. 通过塑造传奇故事,提升品牌吸引力

品牌故事的存在,就是为了在第一眼抓住消费者的眼球,让大家产生了解或者购买的欲望。所以像海蓝之谜一样,讲一个传奇故事,就能促使消费者产生好奇。同时,专业、权威人士的背书也能让大家产生信任。我们打造品牌故事时,也可以走这样一个路线,不管是讲述品牌的历史以彰显情怀,还是用一段令人感慨的创业故事展现品牌的坚持,都能让消费者产生亲近感。只是,这个品牌故事一定要跟我们的产品定位相符合,能跟我们想打造的品牌气质融合,才能放大品牌的记忆点。

2. 打造"靶子",让品牌故事有关注度

另一种方式就是打造一个"靶子",让消费者产生购买的欲望。俗话说"敌人的敌人就是朋友",当我们的产品围绕着消费者的"痛点"来开发时,就可以通过讲述非品牌故事放大这种"痛点",从而起到宣传的作用,消费者看过故事之后就会产生共鸣和购买欲望,而"痛点"就是"靶子"。

"××爱读书"这个账号是一个致力于英语母语化培养的社群主理人经营的。她是两个孩子的妈妈，也是英语专业的硕士，这样的身份天然就带有优势，容易引起其他家长的共鸣和信任。

一开始，她只是在互联网上分享一些给孩子购买的英语绘本，简单地分享自己培养孩子英语阅读的思路，没想到引起了很多家长的关注，不少妈妈都会给她点赞转发，甚至请她多多更新。

"××爱读书"迅速赢得了远超预期的关注。主理人这才意识到，原来有这么多家长有培养孩子英语阅读的需求，但是因为不了解孩子的认知程度和英语难度，所以无从下手。她意识到其中有做社群的商机，便很快建立了自己的公众号，并且将粉丝都聚集在了社群中。通过分享经验、组织阅读打卡计划等，她把社群越做越大，并产生了盈利。

为了能更好地让自己的社群成为有影响力的品牌，她润色了自己打造社群的故事。在主理人的描述中，自己的两个孩子从小就不喜欢英语，不仅积极性差，而且学习进度慢。同时，她仔细研究了市面上的英语教材，发现这些内容都非常枯燥，也不适合低龄的孩子阅读，培养英语语感。于是，她就利用业余时间在网上寻找各种各样的适合低龄孩子的英语书，如海内外绘本等，并按年龄将这些书籍进行了划分，用那些趣味性强的书更好地引导孩子的英语阅读兴趣。在她的努力下，两个孩子都爱上了英语。

"××爱读书"的主理人通过这样一个故事，一下子就点明了她所经营的社群是什么定位、面向哪些人群，而主理人所讲述的这个故事也能引起相当多家长的共鸣。她通过"孩子不喜欢学习英语"这个矛盾树立起了一个"靶子"，这样，有相同"痛点"的家长也会对该社群感兴趣。

3. 营造仪式感，让消费者对品牌产生依赖和认可

建立消费者对品牌的认知度还有一个方法，就是通过一些有仪式感的行为强化大家对品牌的关注。很多粉丝之所以能从消费者转化成品牌的长期支持者，就是因为他们看到了品牌的成长，具有参与感。消费者在消费过程中跟品牌有强连接，在情感上才会对其有认可度。所以，做品牌一定要加强和维护跟消费者之间的联系，通过创设各种活动，并提供一定的奖励，来激发消费者参与的兴趣，并提供给他们独特的体验，他们就容易转化成粉丝。

> "钟爱芭蕾"是一家芭蕾舞培训机构，由几个专业的芭蕾舞学院毕业生、芭蕾舞演员共同开设，他们凭借自己的专业度赢得了不少学员的心，也非常懂得维护这些学员。比如，他们每年都会举办周年庆活动，提供零食饮料，学员们可以穿着漂亮的舞蹈服上台表演，也可以跟朋友、同好进行情感交流，活动结束后还会赠送印有培训机构图案的文化衫、水杯、帆布包等纪念品。
>
> 培训机构还会定期组织一些芭蕾舞服品牌来机构进行免费试穿和体验活动，不少品牌都带着热门款式过来宣传。学员们在专业人士的指导下，有机会试穿芭蕾舞鞋和服装，大家对此都表现出了浓厚的兴趣。
>
> 通过参与这些课外活动，学员不仅有机会和机构老师进行交流，还能与其他学员加深互动，不少人在这里从陌生人变成了朋友。这种情感连接让他们更愿意长期在这里学习，培训机构因此获得了不少忠实粉丝。

这种充满仪式感的活动，只要做得好，不仅能够加深消费者与品牌之间的联系，还能帮助消费者形成自己的关联社群。通过增强群体凝聚力，可以有效地维护品牌的消费者基础。

一旦我们能建立品牌影响力，就能聚集一群忠实的消费群体。拥有这样长期稳定的客源，盈利破局自然不是难题。

第二节

用好直播牌，传统赛道也能营销转型

■ ■ ■

直播作为一种新兴的营销手段，已成为企业提升品牌知名度和销售额的有效途径。通过打好直播牌，传统产品同样能够焕发新的生机，吸引更多的消费者，实现盈利的突破。

某传统护肤品牌以中草药养肤为理念，凭借独特的产品定位在市场中占据了一席之地。近年来，随着护肤市场竞争加剧，该品牌面临着如何吸引年轻一代消费者、保持品牌活力的挑战。为了打破传统直播带货的单一模式，品牌创新性地结合古装剧文化，将直播变成了一场"沉浸式宫廷体验"。

直播间被布置成一个精致的古代宫廷场景，主播们穿着定制的古装，扮演宫廷中的妃子、皇后、宫女，再搭配古风音乐和精美道具，让观众仿佛置身于古代宫廷之中。在互动的时候，观众还能看到主播采用古代宫廷剧中的称呼对话，称观众为公主、娘娘、王爷、格格等，摒弃了传统直播的普通问答方式。这种别出心裁的互动方式极大地增强了直播的趣味性和代入感，非常有趣，吸引了很多观众的注意力。而这种沉浸式场景设计，还完美契合了该品牌"东方护肤风格"的理念。

即使是传统的护肤品牌，也依然会投入大量精力用于营销，想实现破局，宣传是必不可少的。在直播模式已经普遍被消费者接受的当下，打好这张牌，能让我们的产品稳定曝光，甚至是快速破圈。

1. 选择合适的直播平台和主播

选择一个合适的直播平台是成功的第一步。我们需要根据目标消费者群体的特点，选择他们活跃的平台，比如抖音、快手、淘宝直播等。同时，也要选择与品牌形象契合的主播，这样才能起到"1+1＞2"的效果。尤其是那些拥有一定粉丝基础和良好口碑的主播，可以有效提升直播效果。

某个护肤品直播间就有一个非常特别的主播，她说话声音不像其他直播间一样洪亮，但音色柔美、吐字清晰，对待直播间粉丝的态度也很耐心、温柔，不吹嘘产品功效也不强行推荐大家购买，而是如实地描述产品的功效。尽管这个主播并不执着于卖货，也不总是推销产品，但实际上这个直播间的热度和销量都相当不错，甚至主播自己也赢得了很多粉丝。不少人都表示，就是喜欢主播的风格才更愿意相信产品。

所以，选择合适的平台、主播、直播风格很重要，可以根据各个平台的数据进行筛选，确定品牌投放收效最高的平台，然后锚定关注列表的粉丝画像，根据粉丝年龄、性别、喜好等特点来选择主播和风格，才能实现品牌加成。

2. 打造有吸引力的直播内容

直播内容是吸引观众的关键，就像某品牌通过俊男美女在直播间吸引关注一样，让观众有兴趣观看才能有机会产生转化。但是，这种路线不是所有品牌都能借鉴的，我们直播的内容得符合产品定位，最好能跟产品特点等结合在一起。

比如，之前事例中提到的护肤品主播就在直播间穿上汉服或古装戏服，直接演起了"宫廷传"，通过有特点的装束吸引用户，然后用有趣的剧情留住用户，同时在表演过程中自然地插入产品展示、特点介绍、优势宣传等。

3. 直播要重视宣传和优惠，以吸引购买

在直播开始前，我们可以通过社交媒体、品牌官网和线下渠道进行宣传和预热，吸引更多观众关注直播，比如发布预告视频、倒计时海报等，制造期待感；提前告知观众直播中可能出现的优惠和福利，增加他们的参与积极性；在直播过程中，提供一些限时优惠、折扣券和赠品等，激发观众的购买欲望；等等。

4. 数据分析和反馈优化

直播结束后，及时进行数据分析，总结直播效果。通过分析观看人数、互动次数、销售额等数据，了解直播的成功之处和不足之处。根据分析结果，我们可以优化下一次直播的内容和策略，逐步提升直播效果。

通过结合新媒体和直播平台，传统品牌同样可以实现营销转型，前面提到的传统护肤品牌的成功案例就证明了这一点。只要选择合适的平台和主播，打造有吸引力的直播内容，传统产品也能在新媒体时代焕发新的生机，赢得更多消费者的青睐，实现盈利的突破。

第三节

选择达人带货，注重垂直和转化

■ ■ ■

在数字化营销的浪潮中，选择合适的博主或达人带货已成为企业盈利的重要策略。然而，选择博主或达人时，领域垂直和转化率高是两个关键因素，只有在垂直领域拥有深厚影响力和高转化率的博主，才能真正为我们带来可观的销售额和品牌曝光。通过精准选择和有效合作，企业才能够在竞争激烈的市场中脱颖而出，实现营销转型和盈利突破。

> 章小蕙，这位在时尚圈内拥有广泛影响力的时尚达人，凭借其独特的品位和专业的时尚见解成为众多品牌争相合作的对象。她刚加入小红书进行直播，就成为平台首个带货成交超过1亿元的主播。
>
> 章小蕙的领域就非常垂直，她早年以其独特的时尚品位和敏锐的潮流嗅觉在时尚界崭露头角，不仅是杂志的常客，还在多个时尚活动中担任评委和嘉宾。通过多年的积累，她在时尚、美妆和生活方式领域建立了深厚的影响力和广泛的粉丝基础。她的粉丝群体主要是对时尚和美妆

有着高度关注的年轻女性，这与许多高端化妆品和时尚品牌的目标受众高度契合。

> 章小蕙在小红书上进行直播带货时，就充分发挥了她在时尚领域的专业优势。她的直播不仅仅是简单的产品推荐，而且通过专业的时尚搭配建议和个人使用体验分享，深度挖掘产品的亮点和卖点。她会在直播中展示如何搭配服饰、如何使用化妆品，以及分享自己的时尚心得和生活方式。通过这种专业而真实的推荐方式，她成功地吸引了大量观众的关注和购买。

章小蕙之所以能产生这么高的转化，主要就是因为她的领域极度垂直且其在该领域有影响力，而且与小红书主要用户群体和相关品牌极度重合。所以，尽管她的粉丝量并不庞大，也不像许多明星一样有着高曝光率，但依然可以实现"四两拨千斤"的效果，撬动带货的密码。如果想选择明星博主或者达人合作带货，就要借鉴这样的思路，产品才能实现高销量。

1. 精准选择垂直领域博主

在选择博主或达人时，首先要明确品牌的目标受众和产品定位，然后根据这些信息选择在相关垂直领域拥有深厚影响力的博主。例如，如果品牌销售的是高端化妆品，就可以选择在美妆领域有权威性的博主；如果是运动服饰，则可以选择在健身领域有影响力的达人。垂直领域的博主不仅能够更好地传达产品信息，还能更精准地触达目标受众。

很多明星在直播间或个人账号的带货效果之所以不如预期，就是因为领域不垂直。名气大的明星出场费高，但是吸引来的粉丝群或关注并不一定与产品的消费群体吻合，就造成了"雷声大、雨点小"的尴尬局面，虽然热度高，但是转化率不行。所以，想低成本实现转化，就一定要选垂直领域的博主。

2. 懂得评估博主的转化率

选择博主时，不仅要看其粉丝数量，还要评估其转化率。有的企业不了解带货营销手段，选人时只看粉丝量，觉得粉丝多、互动数据好就是热度高，其实不然。博主的粉丝多和互动曝光率高，只能说明他的人气高，不代表粉丝群体愿意为了博主花钱；而转化率高的博主，则说明粉丝群体对他们所推荐的产品有着较高的信任度和购买意愿。

> 章小蕙的直播带货之所以能够取得如此高的转化率，离不开她在时尚领域的权威性和粉丝对她的信任。她的粉丝群体对她的时尚见解和产品推荐有着极高的认可度，这使得她的每一次推荐都能够带来显著的销售效果。此外，她还会在直播中与观众进行互动，进一步增强观众的参与感和购买欲望。比如，她会在直播中回答观众的提问，同时提供个性化的时尚建议，以增加直播的趣味性和互动性。

评估转化率，可以通过历史带货数据、粉丝互动频率、试用合作等多种方式进行评估。比如，查看博主以往的带货记录和销售数据，观察博主发布内容后的评论、点赞和转发情况，从而了解粉丝的参与度和购买意愿；也可以与博主进行小规模试用合作，通过数据评估其转化能力。

3. 制订详细的合作计划

与博主合作前，需要制订详细的合作计划，包括带货主题、产品介绍、优惠策略和互动环节等，确保博主对产品有充分的了解，并能准确传达产品特点和优势。有的博主对产品一知半解，或者了解到的信息是错误的。在带货时，一旦暴露，就可能会造成营销事故，对产品产生负面影响。

4. 提供独特优惠和福利

在利用达人带货时，提供一些独特的优惠和福利，可以有效提升转化率。例如，限时折扣、赠品、抽奖活动等，都可以激发观众的购买欲望。与博主合作时，也可以提前设计一些专属优惠活动，以增加产品的吸引力。

我们通过精准选择博主、评估转化率、制订详细合作计划、提供独特优惠和福利，能大幅提高产品的带货成果，增加产品在互联网上的曝光率和影响力，对实现盈利突破有非常重要的影响。

第四节

制造话题，用矛盾为企业引流

■ ■ ■

有话题才有流量，有了流量才会产生曝光、讨论和盈利转化，所以，想破局就不能怕被议论，甚至要主动制造话题来引发别人的关注和议论。尤其是在互联网上，利用社交媒体的传播速度，制造话题可以快速吸引大家的围观，更广泛地传播品牌的魅力。

2023 年，某知名国产美妆品牌因为营销失误，在互联网上引发了口碑崩塌，大家纷纷吐槽该品牌"吃相难看"，东西卖得贵、服务差、质量没有提升。与此同时，流量也快速流到了另一些坚持平价的老国货品牌上，网友们为了表达自己对坚守初心的国货的支持，纷纷在直播间下单。国货品牌则借助热度宣传自己。其中，成立于 1952 年的内蒙古老国货"红卫"也抓住了这一波流量。

在品牌直播间里，红卫董事长为了证明自家产品像宣传中的一样安全，只采用天然食材制作，当场生吃肥皂。他一边说"里面没有任何有害成分，你看"，一边十分自然地将肥皂放进嘴里，然后就着矿泉水咽了下去。这一幕让直播间观众十分震撼，立刻引爆了互联网流量。

红卫董事长通过生吃肥皂的惊人之举，巧妙地引发了公众关注，直观而有力地展示了产品无副作用、纯天然（仅由牛羊油制成）的特点。这一行动的宣传效果远超传统广告。

"红卫董事长吃肥皂"的话题之所以能广泛传播，就是因为其所蕴含的冲突性和矛盾感。不仅是吃肥皂这个行为本身就违背常理，而且将"董事长""吃肥皂"这两个看似毫不相关的关键词凑在一起，也会让人觉得非常矛盾。如果同样的事情发生在直播间的普通员工身上，恐怕就不会有这么大的传播度和关注度了。所以，想为企业引流而制造话题，一定要有巧妙的切入点，利用冲突性和矛盾感激发公众的关注兴趣。

1. 紧跟热点话题，"蹭流量"得到关注

企业可以通过紧跟社会热点话题，迅速提升自身的曝光率。例如，当某个话题在社交媒体上引发广泛讨论时，其关键词一定要有更高的浏览量，我们如果结合自身产品或服务，利用这些关键词发布相关内容，就更容易吸引到公众的关注。

"蹭流量"的关键在于话题要与品牌定位和目标受众相关，避免盲目跟风。有些热点不是不能蹭，只是这些热点带来的关注跟企业的产品定位不符合，甚至可能相违背，就不会产生任何有效的转化。

2. 利用冲突和矛盾制造话题增强效果

企业可以通过策划一些具有争议性或矛盾性的事件，主动制造话题，引发公众的关注和讨论。例如，推出一些具有挑战性的营销活动，或者发

布一些引人注目的广告内容，激发公众的好奇心和参与感。需要注意的是，制造话题时要把握好尺度，避免引发过多的负面效应。

> 2020 年，背负着 6 亿元债务的罗永浩在抖音直播露面了，他宣告要通过直播带货还债，这一场在互联网监督下的"真还传"就这样拉开了序幕。罗永浩的第一次直播就超过了 3 个小时，其中累计有 4800 多万人进行了观看，最后产生的交易总额超过 1 亿元。
>
> 大家对罗永浩都不陌生，作为中国第一代网红，不管是创立了"锤子手机"又遗憾收场的经历，还是那一场跟王自如的纠纷，罗永浩在互联网上一直都不缺关注。但是欠债之后，他便偃旗息鼓了，而这一次直播可以说是"破冰"。人们对他直播还天价债务的行为非常好奇，自然而然产生了围观效应，而且在这背后，大家的心态不是嘲笑，更多的是肯定和敬佩，不少人都觉得罗永浩这一刻真正证明了自己是一个科技公司创业者，而不是一个网红。最后，经过两年的时间，罗永浩终于将自己的欠款尽数还清。

面对巨额债务，罗永浩的处理方式是，不仅不回避"欠债"这种负面标签，反而放大和利用这种矛盾，塑造互联网关注热点，增强了直播宣传效果，也让观众产生同情心和正面的情绪。

3. 积极回应和引导讨论

在利用或制造话题后，企业要积极回应用户的关注和讨论，并通过引导讨论，提升品牌形象。例如，当公众对某个话题产生争议时，品牌可以通过发布官方声明、开展互动活动等方式，积极回复，并引导讨论朝着有利于品牌的方向发展。

很多企业或品牌遇到问题总是采取回避的方式，不回应、不关注、不改正，觉得这样就能蒙混过关，反而容易导致口碑崩塌。我们处理事情一定要主动，尤其对于自己制造的话题，更要关注讨论风向，及时引导和解释，让大家的讨论能起到正面效果。

4. 结合公益或社会责任

在利用或制造话题时，企业可以结合公益或社会责任，提升品牌的正面形象。例如，可以通过参与或发起一些公益活动，吸引公众的关注和支持。这不仅能够提升品牌的知名度，还能增强企业的社会责任感和公众认可度。

通过利用热点话题或主动制造话题，尤其是矛盾话题，我们可以迅速提升自身的曝光率和知名度，促进产品的销售和盈利。

第六章

重视运营，实现健康盈利

第一节

精益运营，高效率且低成本

■ ■ ■

企业要想健康、长久地盈利，必须不断提升运营效率，降低运营成本。相信这个道理大家都明白。精益运营就是一种以消除浪费、提高效率为核心的管理方法，能够在不降低产品质量的同时显著降低成本，实现可持续的盈利增长。精益运营不仅适用于大型企业，对于小企业和团队同样具有重要的参考价值。

> 20世纪50年代，"二战"后的日本经济正处于恢复和重建的关键时期，资源匮乏、市场需求不稳定，丰田汽车公司面临着巨大的挑战。彼时，丰田是一家规模不大、资源有限的公司，与美国汽车巨头（如福特和通用）相比，在生产效率和成本控制上存在明显差距。丰田的副社长大野耐一意识到，丰田需要一种全新的生产方式，既要提高生产效率，又要降低成本。
>
> 他提出了一种革命性的生产理念，即精益生产，核心是消除一切不

增值的活动，最大限度地提高生产效率。一方面，大野耐一在工厂里设置了看板，用来管理生产流程和库存。每个工人都有一张任务卡片，当任务完成后，其卡片就会被移到看板的下一步。这种方式不仅让生产流程更加透明，还大幅提高了效率。另一方面，大野耐一推行了"按需生产"的理念，只在需要的时候才生产零部件，从而避免了大量库存的积压。

同时，大野耐一也鼓励工人们提出改进建议，形成了一种自下而上的改进文化。在丰田工厂的一次例会上，一位普通的装配线工人提出了一个看似微不足道的改进建议：将工具箱的位置稍微调整一下，便于工人们更快捷地取用工具。这个小小的改进竟然为整个装配线节省了大量时间，大野耐一亲自表扬了这位工人，并将他的建议推广到整个工厂。

这些措施使得丰田在保持高质量的同时，显著降低了生产成本，迅速崛起为全球汽车行业的领导者。通过精益生产，丰田不仅减少了库存和生产周期，还提高了产品质量和消费者满意度。

从丰田公司的案例里，我们可以发现运营能力在降低成本上的重要性。精益运营的核心就是避免浪费，如果我们想提高盈利，却不能增加销量、降低产品质量和成本，就可以通过巧妙的运营减少产品生产、销售过程中的浪费。浪费少了，盈利自然就多了。而这样的精益运营，我们可以从哪几个方面切入呢？

1. 整理并减少企业运营中的浪费行为

我们可以通过识别和减少运营中的浪费，提升效率。浪费通常包括过度生产、等待时间过长、运输浪费、库存积压等。

首先，我们需要绘制当前的工作流程图，识别每个步骤中的浪费。通过直观的流程图，团队成员可以更清楚地看到哪些环节存在不必要的步骤或重复的工作。其次，我们要对员工进行培训，教会他们识别和减少浪费的方法，鼓励他们提出改进建议。一线的员工是最了解实际工作流程的人，他们的建议往往能带来意想不到的改进效果。同时，这种梳理和改进不是一蹴而就的，所以要通过定期的流程审查，便于我们及时发现和解决新的问题，保持高效的运营状态。

2. 用看板系统管理工作流程

从管理学上讲，看板系统是一种视觉管理工具，能够帮助团队更好地管理工作流程和库存，提升工作效率和透明度。

我们可以设置一个看板，展示当前任务的进展情况。看板可以是一块简单的白板，也可以是电子看板，通过颜色和位置的变化直观地展示任务的状态，让大家知道任务进行到了哪个环节、由谁来负责。可以使用任务卡片记录每个任务的详细信息，并在看板上移动卡片，反映任务的进展。这样，团队成员可以随时了解任务的最新状态，避免信息不对称和沟通不畅，大家都能及时了解情况。

3. 要减少库存，就要做到灵活生产

灵活生产，又叫及时生产，能够帮助我们减少库存和生产周期。通过分析历史数据和市场趋势，可以准确预测接下来的市场需求，避免过度生产导致的资源浪费和库存积压。

"绿色果园"是一家专注于销售有机水果和蔬菜的本地农产品商店。由于市场需求波动较大，过去"绿色果园"常常面临库存积压和产品过期的问题，导致运营成本增加和利润下降。店主是个年轻的创业学生，

面对这种情况，他决定"用数据说话"，找出问题所在。

店主首先通过分析过去一年的销售数据，结合季节性变化和市场趋势，制定了更准确的需求预测模型，大概估算每种产品在不同时间段的需求量，从而避免过度采购和库存积压。然后，他决定实施小批量采购策略，每次只采购足够满足短期需求的产品。这不仅减少了库存成本，还保证了产品的新鲜度和质量。为了实现这一点，店主与供应商建立了定期交货的机制，每周多次小批量采购，而不是一次性大批量进货。

除此之外，店主还将老消费者都邀请到自己的会员群里，经常提前更新店内即将上货的新品种，收集消费者对产品种类、质量和供应情况的意见。根据消费者反馈，他就可以及时调整产品种类和采购计划，满足消费者需求，提高消费者满意度。很快，店里的库存积压和浪费问题就解决了。

需求预测是灵活生产的基础，通过准确的需求预测，我们可以合理安排生产计划，避免库存积压和资源浪费。同时，像"绿色果园"一样与供应商建立紧密合作关系，就可以确保原材料按需供应，从而减少库存。如果担心无法及时调整供货量，就可以实施小批量生产方式，缩短生产周期和库存压力，同时提高产品的质量和消费者满意度。

丰田汽车的精益生产案例，充分说明了精益运营在提升效率和降低成本方面的巨大潜力。通过实施精益运营，我们可以显著提升运营效率，降低运营成本，在竞争激烈的市场中脱颖而出，实现可持续的盈利增长。

第二节

优化供应链，提升盈利空间

■ ■ ■

要提升盈利空间，不仅需要在产品和服务上下功夫，更需要在供应链管理上进行优化。供应链优化不仅能有效降低成本，还能提高运营效率，增强企业的市场竞争力。通过科学的供应链管理，我们可以尽可能地压缩库存量和库存时间，让更多的资源流转起来，减轻经营负担，并带来盈利。

20世纪90年代，戴尔通过对其供应链的革命性优化，实现了显著的盈利增长，而戴尔的成功秘诀就在于其独特的"按需定制"模式和高度灵活的供应链管理。

戴尔将传统的"库存驱动"模式转变为"订单驱动"模式，只有在接到消费者订单后才开始生产。消费者只要在戴尔的官方网站上浏览所提供的零部件，根据自己的需求进行组合并下单，戴尔就可以按照消费者的订单需求进行"定制化"生产。对顾客来说，这是一种非常灵活的方案，他们可以根据自己的需求和预算进行组装。这种模式既得到了消费者的肯定，又让戴尔将"先造后卖"转变成了"先卖后造"，彻底减轻了库存压力，甚至减少了中间商赚差价的情况。这一策略的核心就在于减少库存，降低库存成本，同时提高生产效率和产品质量。

为了实现这一目标，戴尔也与供应商建立了紧密的合作关系，从而确保原材料和零部件能够按需及时供应。由于戴尔的订单量巨大，它跟供应商的关系在这种合作模式下越来越紧密，戴尔也能拿到比之前更低价的原材料，从而进一步降低了公司的供应链成本，提高了价格优势。最终，它不仅大幅减少了库存，还缩短了产品的交货周期，提高了消费者满意度，实现了高效盈利。

当下，供应链优化已经成为大企业进行成本控制的非常成熟的一环，比如可口可乐，之所以能做到售价如此低廉，是因为它不断对供应链进行完善和提升。降低成本让大企业可以更加轻松地获得定价优势，用较低廉的价格稳稳控制市场，实现更加长久的盈利。而我们也可以借鉴这种思路，即便不能在市场上抢夺定价权，打赢价格战，也能让盈利空间变得更大。

1. 通过多渠道对比、多方竞价确定供应商

进行供应链优化的第一步，就是选择合适的供应商。我们可以定期进行市场调研，了解不同供应商的价格和服务变化，或者通过参加行业展会、阅读行业报告等方式获取最新信息。只有了解了供应市场的价格波动，我们才能确保自己用较为合理甚至略低的价格拿到原材料或者零部件，不至于被供应商欺骗。从长期合作的角度看，我们可以建立一个包含多个潜在供应商的数据库，记录每个供应商的价格、交货时间、质量等信息，便于随时进行对比和选择。

同时，在确定供应商时，也可以采取多方竞价的模式，不一定非要跟

固定的供应商单独谈判。尤其是比较大额的订单，我们完全可以定期进行招标，邀请多个供应商参与竞价，确保获得最优的价格和服务。我们可以每季度或每半年进行一次招标，并建立一个透明的评分机制，从价格、质量等多个维度对供应商进行评分，选择综合评分最高的供应商。

> 某餐饮公司是一家制造企业的长期供应商，负责该企业的堂食服务。餐饮公司承包食堂的前两年，一直以较低的定价、物美价廉的饭菜赢得了大家的好评。过了两年，当该餐饮公司跟这家企业续签了长期合同后，饭菜的质量就显著下降，价格也上升了不少。
>
> 一开始，只是饭菜种类变少了，后来味道也有些变化，品质时好时坏。接着，餐饮公司提出要改革创新，进行了菜单的变动，价格也普遍上涨了不少。没过多久，员工就抱怨连连，甚至产生了不少投诉。但是公司反馈，他们已经跟餐饮公司签订了新的三年合同，很难违约，只能通过协商来解决问题。

很多供应商都是如此，一旦长期服务、缺少竞争对手，就会降低自己的产品或者服务质量水平，而受到合同或者渠道限制，企业却很难更换供应商。所以，企业一开始可以在一定范围内选择几家长期合作的供应商，但是具体跟谁合作，则通过竞价等模式进行筛选，这既能保持跟供应商的稳定联系，又能引入适当的竞争，让他们的报价、产品质量都能处于合理的范畴。

2. 确定供应商后，与其建立紧密的联系

当我们通过一系列手段选定了供应商，一定要在合作期间建立长期、稳定的联系，这样才能真正实现供应链的优化。比如，通过定期沟通和合

作，能了解供应商的生产能力和供应情况，及时调整采购计划。有的商家供应能力有限，不仅需要我们根据订单量来确定产量，还需要根据供应能力来预估产品的出货量和订单量，才能避免出现"爆单"的情况。如果产品生产跟不上销售，很容易造成消费者下单后迟迟不能收到商品的问题，会大大损害我们的信誉。

3. 通过"按需定制"的模式进行预售，减少库存积压

我们可以根据消费者订单和市场需求进行生产，避免生产过剩或不足。可以采用"按需定制"模式，只在接到订单后才开始生产，这就是现在非常普遍的"预售模式"。

> 在淘宝等平台上，不少手工、女装、潮玩等品牌，都习惯通过预售的方式来减轻库存压力。当产品大货打样完毕后，就先估算产能，并上架商品，约定在一个月或某个时间段内发货。这样，消费者在拍下订单后，商家就可以根据订单量来规划接下来的产量，做到"先卖后产"，既解决了库存问题，又释放了资金风险，将运营成本降到最低。

但这种预售模式一定要做好产量估算，千万不要过量销售，导致消费者等待时间过长，这也会产生负面影响。

采用多种策略来优化供应链，可以有效减轻我们的运营负担。在运营过程中的成本降低了，盈利自然就会上升。因此说，一个健康的企业不仅要重视订单和成本控制，还应加强其运营能力，这样才能长久占据竞争优势。

第三节

价格战时代，控制好成本就能赢

■ ■ ■

想在当下这种竞争环境中生存并实现盈利，单纯的降价策略往往难以奏效，反而可能导致利润大幅缩水。真正的破局之道在于通过有效的成本控制来提升企业的盈利能力，通过精细的成本管理、改进物流和优化流程来提高效率，小企业可以在价格战中找到自己的竞争优势，实现盈利的突破。

对我国制造企业来说，生产过程中大部分的时间成本都用在了物流上，而物流过程中的仓储成本也占据了总成本的 30% 左右。在这种情况下，优化物流成本显得十分必要。

知名家电品牌美的近些年来一直致力于成本和效率的控制，先后采取了降低市场宣传费用、严格控制采购价格、裁员等方式来减轻运营成本，但效果并不是非常好。伴随着信息系统的不断成熟，美的决定采取另一种方式降成本、增效率。

美的整合了原本的终端供应商信息，统计了 300 多家稳定的供应商，以及 3 万多种配件产品，将其通过信息平台进行调配和划分。原本美的在全国各地拥有上百个仓库，有了信息平台后，就可以按距离远近进行划分，将不同供应商划分到 8 个区域仓当中。

美的在制造产品过程中，零件可随时从供应商处调取，且配送的时间不超过 8 个小时，这样就将原本的物流成本降低了 20% 左右。如果供应商的配送时间超过了 8 个小时，就可以预先将自己的产品储存在美的提供的区域仓里，但需要承担一定的仓储成本。

通过这种方式对物流进行优化，美的集团在流通环节的库存和时间成本双双得到了降低，有效进行了成本控制。

对企业来说，对与成本控制相关的细节应该锱铢必较，能做到开源节流，在运营过程中减少不必要的负担。

1. 对成本进行精细化管理

小企业和团队应该建立起精细的成本管理体系，清晰地记录和分析每一笔开支。通过定期审查成本结构，找出不必要的支出，并采取相应措施降低成本。控制成本，并不只是财务部门的工作，采购部门也需要考虑这个问题，因为只有花钱的人才知道怎样才能将钱花到刀刃上。通过精细化管理，可以找到很多可以优化的开支项目，比如检查最小采购数量和单价是否合理，如不合理应该怎样调整以降低单价等。

小陈作为一家公司的采购，发现公司在控制库存之后，降低了不少零部件的采购数量、采购频率。这种方式有效减少了库存积压的风险，但是其中有一种进口材料，如果采购数量少，单价就会很昂贵。

小陈计算了一下，如果一次购买半年的量，单价可以降低1/3，而且这个零件是长期使用的，因此也不用担心浪费问题。小陈将自己的想法告诉了领导，立刻得到了公司支持，顺利为公司节省了一笔经费。

精细化管理的概念是非常灵活的，主要目的就是在花钱时控成本。用个人的消费思路来理解，我们都知道可以在购物节多采购囤货，这时候的单价会比较低，公司采购也是如此。怎样在消灭库存和降低单价上做好平衡，是我们需要根据情况具体权衡的。

2. 运输时间和成本控制

选择合适的物流合作伙伴非常重要，我们可以选择信誉好、服务优质且价格合理的物流公司合作，确保产品的及时交付。在配送时，根据订单和交通情况优化配送路线，能够有效减少运输时间和成本。

很多跨境电商都在国内外拥有多个仓库，这样能很好地优化产品的物流配送成本。比如，当消费者下单后，产品从海外发货，这可能会导致较长的运输时间；如果短期内发货量不够大，还会增加海外运输的单个成本。一些销量稳定的电商，大多根据预估销量来提前采购产品，积攒一定的量之后一起运输回国内的仓库。这样一来，消费者下单时，就可以由国内仓库就近发货，既能节省配送时间，又能通过大量货物一起运输的方式降低国际物流费用。

3. 成本控制要循序渐进，不能走极端

成本并不是越低越好，过低的成本会影响企业产品或服务的质量，一样会降低利润，导致盈利不升反降。而且，控制成本总有极限，到达一定的限度以后，企业必须通过创新工艺技术、提高工作效率、引进先进设备

等方式来解决成本控制问题。

我们可以利用创新工艺技术来降低成本，如开发新的技术手段，降低产品的原材料使用量或者采用便宜的原材料，保持产品的质量；从工作流程上提高劳动生产率和设备的利用率，根据订单的不同进度调整流程顺序，让原本空转的设备更高效地运转起来；引进一些自动化的先进设备，让设备协助人工，提高单位时间的产量，从而提高效率。要知道，降本增效的最终目的还是增效，因此不要一味关注降低成本的短期结果，而要看长期盈利是否有提升。

在价格战的时代，做好成本控制是盈利破局的关键所在。我们要做的就是"人无我有，人有我更便宜"。这样，占据价格优势之后，我们就能在宣传、营销上有更多的机会和操作空间，实现盈利。

第四节

质量管理影响品牌口碑

■ ■ ■

价格战已经成为商业竞争的常态，但是，一味走低价竞争路线往往会导致利润的严重缩水，甚至影响产品质量，危及企业的生存。相比之下，通过提升产品质量来赢得市场和消费者的信任是一种可持续的发展策略。高质量的产品不仅能够提升品牌形象，还能带来更高的消费者忠诚度和口碑传播，从而实现盈利突破。

华为公司作为中国乃至全球知名的科技企业，其成功不仅在于技术创新和市场策略，更在于对产品质量的严格把控。华为从创业之初就非常重视产品质量，提出了"质量是企业的生命线"理念，并在实际运营中贯彻始终。

华为在质量管理方面有一套完整的体系。首先，公司建立了严格的质量控制流程，从产品设计、研发、生产到售后服务的每一个环节都进行严格把控。其次，华为投入了大量资源进行产品测试，确保每一款产品都能在各种极端环境下稳定运行。比如，华为的手机在出厂前要经过数百项严格测试，包括高低温测试、跌落测试、防水测试等。严格的质量把控，让华为的产品赢得了消费者的认可。

此外，华为还建立了全球化的质量管理团队，确保不同市场的产品质量一致。华为通过大数据分析和消费者反馈，不断改进产品和服务。这种对质量的执着，使得华为的产品在全球范围内赢得了广泛的认可和信赖，品牌口碑不断提升，从而实现了市场占领和盈利的双重突破。

质量管理并不是一时一刻的事，就像华为公司一样，通过全球的质量管理团队来确保自己产品质量的稳定性，保证产品不会因为出厂批次、生产地点不同而产生差别，这才能让品牌长期得到消费者的信任。所以，质量管理一定要从流程上落实，且长期坚持，才能产生效果。

1. 建立严格的质量控制流程

当我们的产品生产规模扩大到一定程度后，一定要建立质量管控的标准，即什么样的产品才是合格的，合格又分成几个档次。企业对自己的产品的质量有要求，才能有进步。

可以根据行业标准和消费者需求，制定详细的质量标准，涵盖产品设计、原材料采购、生产制造、检测和售后服务等各个环节。有了标准之后，我们就可以在每一个生产环节都设立质量检查点，确保每一步都符合质量标准。要做到质量控制，最重要的还是基层员工有这样的概念，所以要定期培训员工，提升他们的质量意识和操作技能，确保质量管理制度的有效执行。

某市有一家小型手工艺品公司"匠心工坊"，虽然体量不大，但很注重质量管理。厂长每年都会把关原材料采购商，确保木制品等材料的品质优良、稳定。在成品出厂之前，厂长也会对每一个环节都进行严格检查。同时，该公司还定期对工人进行质量管理培训，提升他们的操作技能。所以，匠心工坊的产量虽然不高，但是产品却十分精致，因此在当地一直有良好的口碑。

2. 投入一定资源进行产品测试

产品测试一直是很多小企业会忽视的地方，但是华为等企业的成功案例表明，我们应该根据产品特点建立相应的测试计划，进行各种环境和使用条件下的测试。测试时，也要制定详细的测试标准和流程，确保每一款产品都经过统一的测试，这样才能横向对比产品的质量和特点。而且，有了测试结果，我们才能不断改进产品设计和生产工艺，提升产品质量。

有些人可能会诧异：自己经营的又不是精密仪器或者电子产品，有必要进行测试吗？事实上，每个产品都有其耐用测试方式。比如，某些品牌为了证明自己品牌的丝袜弹性大，通过各种夸张的手段撑大丝袜让其变形，展示它的弹力和强韧度；有的品牌为了证明西裤的质量好，专门聘请人穿着西裤健身或者跳热舞，用大幅度动作展示西裤在运动的时候也很舒适；有的商家为了证明自己的塑料盆品质不错，将盆倒扣在地上，人站在上面又蹦又跳……所以，进行产品测试的方式很多样，我们可以根据自己的产品特点进行选择，在测试质量的同时将过程展现给消费者，还能起到宣传的作用。

3. 借助消费者反馈进行质量改进

质量好不好，还是用户说了算，所以我们还是要重视消费者的反馈。

我们可以通过多种渠道收集反馈，如售后服务、在线评价、问卷调查等，然后对消费者的反馈进行系统分析，找出产品存在的问题和改进的方向，并迅速采取改进措施，提升产品质量和消费者满意度。

通过建立严格的质量控制流程、投入资源进行产品测试、借助消费者反馈进行质量改进，我们可以显著提升产品质量，赢得市场和消费者的认可，从而实现盈利的突破。

第五节

订单稳定的前提是维护好消费者关系

■ ■ ■

在竞争激烈的市场环境中，产品质量和价格固然重要，但维护好消费者关系同样是企业成功的关键。良好的消费者关系不仅能带来稳定的订单，还能促进口碑传播，吸引更多新消费者。通过与消费者建立深厚的信任和情感连接，我们可以获得持续的支持和忠诚度，让团队拥有破局的底气。

说到消费者关系管理，海底捞无疑是一个典型的成功案例。作为中国知名的火锅连锁品牌，海底捞不仅以它的火锅闻名，更以其卓越的消费者服务和关系维护赢得了广大消费者的喜爱。很多消费者都戏称"到了海底捞就像回家了一样"，这样的评价不仅包含对餐品口味的点评，还有情绪上的反馈。

海底捞的消费者关系管理策略可谓独具匠心。首先，海底捞注重细节，为消费者提供超出预期的服务，发现消费者在排队时容易感觉无聊、不耐烦，就提供免费美甲、零食和饮料，甚至为带孩子的顾客提供儿童娱乐设施。这些贴心的服务让顾客在等待过程中感到愉悦，提升了整体消费体验。

而且，每一位顾客用餐时，服务员都会根据他们的情况提供对应的服务。针对独自用餐的消费者，为了避免孤单，服务员会在消费者对面放一个可爱的毛绒玩具，让消费者产生被陪伴的感觉；对带着孩子的消费者，服务员甚至会帮忙哄孩子，提供免费的儿童玩具吸引孩子的注意力，让许多带着宝宝的家长"无脑"选择在海底捞用餐，只因为自己可以难得放松地吃一顿饭；当消费者过生日时，海底捞还会有独具特色的生日祝福节目，在热闹和欢乐的气氛中营造美好的回忆。

此外，海底捞通过会员制度和积分奖励机制，增强消费者的忠诚度。会员不仅能享受专属优惠，还能通过积分兑换各种礼品。这种方式不仅增加了消费者的黏性，还提升了品牌的亲和力和认同感。

正是通过这些细致入微的消费者关系管理策略，海底捞不仅赢得了顾客的心，也实现了利润的持续增长。

海底捞原本只是一个火锅连锁品牌，但别出心裁地将自己的焦点放到了服务上，用细致入微的服务态度得到了消费者的青睐，在市场上形成了独特的竞争优势，开创了一条自己的赛道。所以，做产品虽然是第一位的，但也不要忽略做好消费者关怀，维护好与消费者之间的关系才能让我们的产品有稳定、长久的销路。

1. 针对消费者提供个性化服务

海底捞之所以能得到大家的认可，很大程度上是因为他们发现了消费者的不同需求，能根据角色身份、状态提供不同服务，才能做到近乎人人满意。所以，我们也可以学习这种模式，通过问卷调查、面对面交流等方式，深入了解消费者的需求和偏好，然后根据其需求提供个性化的产品和服务，让消费体验超出消费者的期望。

比如，建立消费者档案，记录消费者的喜好、购买历史和特殊需求，就能在下次服务时提供更贴心的体验，这是一种非常好的培养跟消费者感情的方式。当消费者发现我们记住了他们的喜好，往往会产生被重视的感觉，更容易对我们的产品和服务产生亲近感。

写字楼下的一家手磨咖啡店，因为老板的耐心、温柔得到了不少人的喜爱。老板经常与顾客进行交流，了解他们的口味和喜好。当顾客再次光临时，他们常常发现老板不仅能认出自己，还记得自己上次点了什么，并自然地根据他们的喜好进行推荐，这让很多顾客都觉得非常惊喜。

喜欢甜食的顾客在社交平台评论说，老板每次都会记得给他搭配新款甜点，而且都很符合他的口味；喜欢安静环境的顾客则评价，老板会贴心地给他安排靠窗的位置，让他可以安静地看着窗外发呆。他们觉得，这家咖啡店不仅仅是自己消磨时间的地方，更有一种家的温馨感。所以，这家店的回头客特别多。

2. 做好定期回访和消费者关怀

当服务或者产品的效果要较长时间才能体现，而且更适合发展长期稳定的消费者时，我们就可以采取更系统化的消费者关怀措施。比如，定期回访老顾客，了解他们的使用情况和新的需求，可以很好地增进与消费者之间的关系，同时也在消费者面前有一定的存在感，增加自己品牌的曝光度。在消费者生日、节假日等特殊时刻，表达祝福并赠送小礼品，能加深与消费者之间的情感联系。

一些美容院就习惯采取这种方式维护消费者。美容院会定期回访老顾客，了解他们的美容效果和新的需求，在消费者的生日和节假日，也会发送问候短信或赠送小礼物，以此来加深与消费者的情感纽带。鉴于美容产品非常依赖老顾客的长期消费，这类消费人群往往也有复购习惯，所以维护老客户对于他们来说非常重要。

3. 提供优质的售后服务

消费者关系的维护，最终还是要回归到做产品上，提供优质的售后服务来解决消费者的问题，更是我们应尽的职责。对于消费者的售后问题，应该快速响应并提供解决方案，确保消费者满意。必要的时候，还可以提供专业的技术支持和咨询服务，帮助消费者解决使用中的问题。一个小技巧是，售后服务结束后还可以跟踪回访一次，询问消费者的使用情况，确保问题彻底解决，实现服务上的闭环，消费者往往会被这个细节打动。

维护好与消费者之间的关系是企业稳定获得订单的关键，通过提供个性化服务、定期回访和消费者关怀，以及提供优质的售后服务，企业可以显著提升消费者满意度和忠诚度，从而赢得稳定的订单。

第七章

重视财务管理,盈利思路清晰

第一节

现金流管理让资金流动更健康
■ ■ ■

　　在企业经营中，现金流管理是确保企业资金流动健康和实现盈利突破的关键。良好的现金流管理不仅能帮助企业应对日常运营中的各种挑战，还能为企业在市场竞争中提供坚实的财务基础。

　　星巴克作为全球最大的咖啡连锁品牌，其成功不仅在于品牌建设和市场拓展，更在于卓越的现金流管理策略。仔细观察就会发现，星巴克不仅是一个"卖杯子胜过卖咖啡"的品牌，在其最显眼的位置，那些设计新颖、精美绝伦的储值卡、会员卡也是一大特色。这些卡片的设计非常用心，让人忍不住产生想买回家收藏的冲动。

　　星巴克通过预付礼品卡模式，成功获得了庞大的现金流，为企业的持续发展和市场扩展取得了坚实的资金保障。消费者购买星巴克礼品卡，实际上是提前支付了一笔资金，而这笔资金在消费者实际消费之前，会一直留存在星巴克的账户中。无数消费者购买的礼品卡形成了巨大的现金流入。根据统计，星巴克每年通过礼品卡模式获得的预付资金高达数十亿美元，这些资金不仅能用于日常运营，还能用于投资和扩展业务。

这种预付礼品卡模式不仅增加了星巴克的现金流，还提高了消费者的忠诚度和复购率。消费者在购买礼品卡后，更倾向于频繁光顾星巴克，使用卡内余额消费。因此这种模式有效地为星巴克锁定了消费者，增加了销售额，同时也减少了应收账款的压力，确保了资金的快速回笼。

像星巴克一样，很多企业都通过会员卡、储值卡的方式来确保经营时的现金流稳定，这样企业才能利用现金进行投资、减轻成本压力、抵抗风险。我们也可以借鉴这种做法，结合其他现金流保障措施，让自己的企业在运转过程中保持健康的资金流动状态。

1. 推出预付卡或会员卡

我们可以为消费者设计预付卡或会员卡，提供一定的折扣或奖励，或通过线上线下的推广活动，吸引更多消费者购买预付卡，增加现金流入。其中，预付卡模式的设计关键就是奖励、折扣要吸引人。同时，储值金额的设计要科学，既要大于一次消费的客单价，也要确保余额能吸引消费者再次使用。一般来讲，金额的最小值可以设计为客单价的 2 到 3 倍，结合预付卡 8 折左右的优惠政策，比较容易吸引到消费者。

阳光培训中心，一家融合了游泳、健身的小型综合设施，近期推出了会员卡方案。消费者通过提前购买一定次数的游泳课程，不但可以享受 8 折的课程优惠价格，还能额外获赠健身中心的免费使用次数，这一策略吸引了大量消费者购买会员卡，增加了健身中心的现金流入。而且，购买游泳课送免费健身体验的促销活动也起到了良好的宣传效果，让原本不打算在健身上消费的消费者通过实际体验，产生了潜在的购买意愿。相较于直接提供额外的游泳次数，这种捆绑式营销更能激发多元化消费行为，展现了更高的市场推广效能。

2. 加强应收账款管理

如果我们的消费者中不仅仅包含终端消费者，还有下游的甲方消费者，就要建立信用政策来确保我们的合作稳定。通过严格的消费者信用政策，选择信誉良好的消费者进行合作，可以减少坏账风险。在与公司的合作中，最担心的就是应收账款收不回来，导致现金流断裂，引起一系列雪崩效应。所以，在合作过程中尽量不要承担太多资金压力，并约定合理的付款周期，最好要求对方按一定比例进行预付，对运营进行托底。

同时，要建立有效的催收机制，及时跟进应收账款的回收，确保资金的及时回笼。对不同的账单要定期进行账龄分析，了解应收账款的回收情况，及时采取措施应对逾期账款。

3. 优化支出结构

优化支出结构也是在进行成本控制，需要我们对各项成本进行详细分析，找出可以优化和节约的环节，减少不必要的开支。根据业务需求，我们可以确定各项支出的优先级，确保资金用在最需要的地方；同时，定期审查各项支出，评估支出的合理性和效果，及时调整支出结构。

良好的现金流管理是确保企业资金流动健康的关键因素。尽管有时企业的短期盈利水平可能相等，但现金流动效率的差异却能显著影响企业的运营状况，导致经营压力的巨大差异。所以，一定要做好现金流管理，才能给盈利破局打好基础。

第二节

做好预算管理，让盈利指标能落地

■ ■ ■

如果我们的预算管理和实际生产经营过程的情况不相符，会造成什么影响？当实际的成本超出了预算，就意味着我们原本预估的盈利空间被压缩了，盈利减少甚至赔钱运营，都不是我们想看到的结果。所以，在一开始就进行科学和有效的预算管理，我们才能控制运营成本、优化资源配置，最终实现盈利目标。

当很多公司还对预算管理并不重视时，海尔公司就已经开始实行全面预算管理的模式促进企业发展了。每年年初，海尔都会组织各部门进行全面的市场调研，了解市场需求、竞争态势和行业趋势。根据调研结果，海尔制订了详细的预算计划。计划涵盖了生产、销售、研发等各个环节，每个部门都需要根据预算计划制定详细的执行方案，确保各项工作按计划进行。

在预算执行过程中，海尔通过信息化管理系统，实现了预算的实时监控和动态调整。每个部门的预算执行情况都会实时上传到系统中，管理层可以随时查看和分析。通过这种方式，海尔能够及时发现和解决预算执行中的问题，确保资金的高效使用和生产的顺利进行。然后，每个季度海尔都会对各部门的预算执行情况进行考核，评估预算的合理性和执行效果；对于超预算的部门，进行严格的审查和调整；对于节约预算的部门，则大方给予奖励。通过这种方式，海尔有效提升了各部门的预算管理水平，确保了资金的高效使用和盈利目标的实现。

预算管理是财务管理中的一个重要组成部分，目的就是提前对企业的资金投入进行合理规划，在一开始就知道钱要用在哪里、怎么用，才能确保资源分配合理，让资金运转畅通。所以，我们也要从海尔的全面预算模式当中汲取经验，做好项目和团队的预算管理。

1. 制订详细的预算计划

千万不要觉得预算计划是一件麻烦事，有计划地花钱，才能清楚自己的钱用在了哪里，明白哪些地方可以省钱、怎样能存钱。预算计划要科学，就要做得准、做得细。要让预算准确，可以通过全面的市场调研来确认，了解市场需求、竞争态势和行业趋势，能为预算制订提供数据支持。比如，如果当下竞争激烈，上游原材料涨价，那么在材料采购上的预算就一定要增加，如果还维持原本的预算不变，可能很难采购到质量、数量都合意的材料，势必会影响产品的生产。

要将预算做得更详细，可以根据我们的业务结构制订分部门的预算计划，确保每个部门都有明确的预算目标和执行方案。同时，进行预算细化，将预算细化到具体的项目和环节，确保每一笔资金都有明确的用途和计划。这种方式也能让预算变得更合理。很多时候，只有明确到每个环节、每个部门的需求，我们才会发现，一些地方的花费跟总体估算完全不同，有的项目看似没有大支出，但琐碎的支出项目非常多，最后加起来也是一笔不容忽视的数目。所以，想让预算能落地，一定要做得准确、细致。

2. 建立严格的预算考核机制

要鼓励大家落实预算规划，就要有奖惩机制，可以定期对各部门的预算执行情况进行考核，评估预算的合理性和执行效果。对于超预算的部门，要进行严格的审查和调整，确保预算的合理使用；对于节约预算的部门，要给予适当的奖励，激励各部门提高预算管理水平。这样一来，团队才会自上到下地重视预算管理，愿意在预算管理上多花心思。

3. 培养预算管理意识

仅仅只有管理层建立预算管理意识还不够，因为大多数时候，预算的调研、预算金额的确认和预算执行，都要落在员工身上，所以一定要让员工也有预算管理意识，知道预算的重要性。可以定期对员工进行预算管理培训，让其建立基本的认识，重视预算的制定和实行。同时，鼓励全员参与预算管理，让大家提出改进建议和意见，提升预算管理的整体水平。建立良好的沟通反馈机制也很重要，在制定、执行预算的过程中一旦有问题，就要鼓励员工及时反馈和调整，确保总预算不出问题。

企业做好预算管理，才能将有限的资金用在最重要的地方，不至于出现"一个项目的钱花不完，另一个项目穷得没钱花"的尴尬状况。而且，做好了预算管理，我们才能进行成本控制、资金管理等，实现企业的盈利。

第三节

资金管理是为未来盈利留足空间

■ ■ ■

在财务管理中，资金管理是一项至关重要的任务。通过合理地运用公司的资金，实现"钱生钱"的目标，不仅能确保企业的日常运营顺畅，还能为未来的投资和盈利提供坚实的基础。而提到资金管理，苹果公司无疑是一个典范。

苹果公司不仅在产品创新和市场营销方面表现出色，其资金管理策略也堪称教科书级别。苹果公司通过一系列精妙的资金管理手段，不仅保证了充足的现金流，还实现了资金的高效增值，为公司的持续增长提供了强有力的支持。

一方面，苹果公司始终保持着庞大的现金储备。这不仅为其在市场波动中提供了"安全垫"，还为进行大规模投资和收购提供了资金保障。苹果公司在 2014 年斥资 30 亿美元收购了消费类电子品牌 Beats，不仅丰富了自己的产品线，还进一步巩固了其在音乐领域的领导地位。而这笔交易的成功，很大程度上得益于苹果公司充足的现金储备。

另一方面，苹果公司通过精细的资本运作，实现了资金的高效增值。公司将大量现金投入低风险的投资项目中，如国债和优质企业债券。通过这种方式，苹果公司不仅确保了资金的安全性，还获得了稳定的投资回报。此外，苹果公司还通过股票回购和分红的方式，将利润回馈给股东，进一步提升了股东的信心和公司股票的市场价值。

同时，苹果公司设立了专门的风险管理团队，负责监控和评估各种潜在的财务风险，并制定相应的策略。在应对汇率波动风险时，苹果公司通过外汇对冲工具，有效规避了汇率波动对公司利润的影响。通过这些措施，苹果公司不仅实现了资金的高效管理，还为公司的持续增长和盈利奠定了坚实的基础。

苹果公司作为首屈一指的电子消费品牌，虽然每年营收获利极高，但依然坚持进行科学的资金规划，确保自己能时刻拿出现金应对商业市场上的波动，让盈利的资金在投资市场上获得稳健回报。跟随苹果公司的思路，我们可以做好自己的资金管理，为将来的盈利留出更大空间。

1. 建立充足的现金储备

对于小企业和团队来说，建立充足的现金储备是确保日常运营和应对突发情况的关键。我们可以通过严格控制成本和提高运营效率，逐步积累一定的现金储备。例如，通过优化采购流程，与供应商建立长期合作关系，获得更优惠的采购价格。此外，还可以通过精细化管理，减少浪费和损失，降低运营成本。

当公司盈利逐渐提升之后，就将每月的净利润按一定比例存入专门的储备账户，确保在需要时有足够的资金进行设备更新和规模扩张。只有在关键时刻能拿出钱来扩大经营规模，企业才能抓住机会，让盈利越来越多。

2. 进行低风险、高收益的投资

可以通过选择低风险、高收益的投资项目，实现资金的增值。投资项目一定要有充分的前期调研和考量。首先，制订详细的投资规划，根据资金的流动性需求和风险承受能力，选择适合的投资产品。将一部分资金投入到国债中，确保资金的安全性和稳定的收益。其次，选择一些信用评级较高的企业发行的债券，通过对这些企业的财务状况和市场表现进行详细分析，确保投资的安全性。最后，定期评估投资项目的表现，调整投资组合，确保收益的最大化。

3. 实施有效的资本运作

小企业可以通过实施有效的资本运作，提升资金的使用效率。比如，可以通过引入股权融资，获得更多的资金支持，但这需要制订详细的融资规划，明确融资的目的、资金的使用计划以及预期的回报。在融资过程中，我们需要详细介绍公司的发展前景和盈利模式，以赢得投资者的信任。

通过这些具体的措施，即使是小团队也可以有效管理资金，提升资金的使用效率，确保自身的可持续发展。

第四节

安全赚钱，学会风险管理

■ ■ ■

在企业的运营过程中，风险管理是实现"安全赚钱"的关键手段。通过识别、评估和控制各种潜在的风险，企业可以在不确定的市场环境中保持稳定，并在适当时机实现盈利的突破。有效的风险管理不仅能保护企业的资产和利润，还能提升企业的竞争力和可持续发展能力。那么，如何才能做好企业的风险管理，实现盈利破局呢？

可口可乐公司是全球饮料行业的巨头，由于其市场覆盖面已经非常广泛，相较于市场开发，它更加重视风险管理。公司在全球多个市场运营，面临着不同的市场风险，如经济波动、政策变化和消费者偏好转变等。为此，可口可乐公司设立了专门的市场研究和风险评估团队，定期对全球各个市场的宏观经济环境、政策变化和消费者行为进行深入分析。通过这些分析，公司能够及时调整市场策略，规避潜在的风险。例如，在经济衰退期间，公司通过推出价格更为亲民的产品，成功吸引了更多的消费者，保持了市场份额和盈利能力。

在供应链风险管理方面，可口可乐公司也做得非常出色。公司拥有庞大的全球供应链网络，任何一个环节的中断都可能对公司的运营造成重大影响。为此，公司采取了多种措施确保供应链的稳定性和灵活性。例如，公司与多个供应商建立了长期合作关系，确保原材料的稳定供应。同时，通过建立分散的生产和配送网络，公司能够快速应对供应链中断和市场需求变化等问题，降低运营风险。通过这种方式，可口可乐公司能在任何意外出现时，依然尽量保持稳定的供应和销售，维护自己的品牌形象和长期发展。

可口可乐的成功展示了供应链管理在企业风险管理中的重要性。对于小型企业或团队来说，虽然资源有限，但同样可以借鉴这些策略，通过有效的风险管理，实现"安全赚钱"和盈利破局。

1. 建立全面的风险识别和评估体系

企业在进行风险管理时，首先需要建立全面的风险识别和评估体系，通过设立专门的风险管理团队，定期对企业面临的各种风险进行识别和评估。比如，通过分析市场环境、政策变化、供应链状况和财务数据，识别可能对企业运营和财务状况产生影响的风险，然后根据风险的严重程度和发生概率，制定详细的风险评估报告，为企业的决策提供科学依据。

2. 制定详细的风险应对策略

在识别和评估风险的基础上，企业需要制定详细的风险应对策略。公司可以通过制定应急预案，确保在突发情况下能够迅速采取应对措施。例如，针对市场需求骤减的风险，公司可以制订促销和市场推广计划，从而快速提升销售额；针对供应链中断的风险，公司可以建立备用供应商网络，确保原材料的稳定供应。通过这些措施，公司能够有效应对各种突发情况，降低风险对运营的影响。

3. 运用金融工具进行风险对冲

企业在风险管理中，可以运用金融工具进行风险对冲。比如，如果公司运营涉及对外贸易，就可以通过外汇对冲工具，规避汇率波动对公司利润的影响；通过与银行签订外汇远期合约，锁定未来的汇率，确保外汇交易的稳定性；等等。

针对利率波动风险，公司可以通过利率对冲工具，如利率互换和利率期权，锁定未来的利率成本，降低利率波动对财务成本的影响。

通过这些金融工具，公司能够有效管理财务风险，确保财务的稳定性。

4. 加强内部控制和审计

企业在风险管理中，还需要加强内部控制和审计。公司可以通过建立严格的内部控制制度，确保各项业务的合规性和透明度。例如，通过设立分级审批制度，确保各项支出的合理性和必要性。定期开展内部审计活动，有助于我们及时发现和纠正业务中的问题和漏洞，降低运营风险。此外，公司还可以引入外部审计机构，进行独立的审计和评估，确保风险管理的有效性和全面性。

通过这些具体的措施，企业和团队可以有效管理各种风险，提升运营和财务的稳定性，实现"安全赚钱"的目标。

第八章

强调持续增长, 延长盈利生命

第一节

"增长黑客"：低成本实现爆发成长

■ ■ ■

在现代商业环境中，企业面临的竞争日益激烈，传统的增长策略往往难以满足快速变化的市场需求。"增长黑客"作为一种数据驱动、低成本、高效率的增长模式，正逐渐成为企业实现爆发式成长的利器。通过不断实验和优化，企业能够迅速找到增长的突破口，实现盈利破局。那么，如何才能利用"增长黑客"模式，持续推动企业的增长呢？

爱彼迎（Airbnb）作为一家全球知名的共享住宿平台，在早期面临着实现用户增长和市场认可的双重挑战，而它通过一系列创新的"增长黑客"策略，最终实现了用户数量的爆发式增长，迅速崛起为行业的领导者。

爱彼迎开发了一款工具，鼓励用户将他们在爱彼迎上发布的房源信息，自动同步到当时最大的分类广告网站克雷格列表网站（Craigslist）上，以获得更多的曝光，吸引更多的用户访问自己的房源。这个策略不仅大幅提升了爱彼迎的用户数量，还有效降低了其获得消费者的成本。

而且，爱彼迎非常注重对用户生成内容的利用。公司鼓励用户上传房源照片和撰写详细的房源描述，通过用户生成的内容，提升房源的吸引力和可信度。为了确保照片质量，它甚至提供免费的专业摄影师服务，帮助房东拍摄高质量的房源照片。这一策略不仅提升了用户体验，还增加了平台的内容丰富度和吸引力。

最后，爱彼迎通过精细化的用户数据分析，不断优化用户体验。公司通过数据分析，识别用户在使用平台过程中的"痛点"和需求，然后进行针对性优化。例如，爱彼迎发现用户在搜索房源时，往往希望看到更多的图片和详细的描述。针对这一需求，公司改进了房源展示页面，增加了图片数量和描述的详细程度，从而提升了用户的满意度和转化率。

通过这些创新的"增长黑客"策略，爱彼迎不仅在短时间内实现了用户数量的爆发式增长，还成功建立了强大的品牌影响力，成为全球共享经济的标杆企业。

爱彼迎的成功案例展示了"增长黑客"策略在企业实现爆发式成长中的重要性，也解释了什么是"增长黑客"。跟传统的营销方式不同，"增长黑客"是从硅谷的互联网初创公司中诞生的概念，它强调不需要通过传统的广告、电视、报纸曝光的方式来营销，而是通过数据思维进行决策，根据用户的反馈来调整营销策略，以尽可能接触更多用户为目的进行营销。"增长黑客"这一概念旨在通过初期的低成本、高效手段快速扩大用户群体，特别适合资源有限的小企业和创业团队。我们完全可以借鉴这些策略，实现持续增长和盈利破局。

1. 利用现有平台进行用户获取

小企业在实施"增长黑客"策略时，可以充分利用现有的流量平台进行用户获取。就像爱彼迎在初创时期，选择借助资源丰富的分类广告网站的流量来实现自己的用户转化一样，我们也可以借助网络媒体、社交平台的曝光量，来获取用户。现在很多品牌的官方账号，都在抖音、快手、小红书等网站上格外活跃，它们不仅自己创作各种有趣的视频或图文内容，还积极在其他热点话题下进行评论，回复一些十分有趣的内容，尽可能地增加曝光率。通过在更多用户面前给品牌"刷脸"，让消费者对品牌产生深刻印象。这可比传统的广告宣传成本低多了，但借助社交媒体的流量，产生的曝光效果未必比传统广告差。

2. 鼓励用户生成内容，丰富产品信息

鼓励用户生成内容是提升品牌吸引力和用户参与度的重要手段。举个例子，旅行社可以通过鼓励用户上传旅行照片和撰写旅行日志，宣传他们的旅游行程。公司可以设立奖励机制，如每月评选最佳照片和日志，并给予获奖用户一定的奖励，或者只要发布旅行日志就有小礼品或折扣等，鼓励大家评论宣传。通过这种方式，旅行社不仅能够获得大量高质量的用户生成内容，还能提升用户的参与度和忠诚度，从而进一步推动用户增长。

3. 进行精细化的数据分析和优化

精细化的数据分析和优化是提升用户体验和转化率的关键，我们可以通过数据分析，识别用户在消费过程中的行为和偏好。例如，通过分析用户的浏览和购买记录，了解用户最关注的商品和页面，进而优化商品展示和推荐策略；公司还可以通过推出两个不同方案进行测试，验证不同页面

设计和营销策略的效果，不断优化用户体验，提升转化率和销售额；等等。

4. 设计"病毒"传播机制

"病毒"传播机制是实现用户快速增长的有效手段，企业可以模仿"病毒"的传播机制，鼓励用户邀请朋友加入平台。例如，企业可以设计"邀请有礼"活动，每成功邀请一个新用户，邀请者和被邀请者都能获得一定的奖励。为了提升活动的效果，公司可以通过社交媒体和邮件营销，广泛宣传邀请活动，吸引更多用户参与。通过这种方式，公司能够迅速扩大用户基数，实现快速增长。

通过这些具体的措施，小企业和团队可以有效利用"增长黑客"模式，以低成本实现爆发式成长，推动企业的持续增长和盈利破局。

第二节

跨境商业，利用信息差扩大盈利

■ ■ ■

近些年，跨境电商这个"年轻"的电商运营模式悄无声息地崛起，并在短时间内逆势而上，在电商领域这个"红海"中取得了不俗成绩。跨境电商，顾名思义，就是利用国内外市场的信息差，在不同国家和地区之间进行商品买卖，从而获得可观的利润。互联网电商平台和国际快递的发展，为跨境电商提供了便捷的交易渠道和高效的物流支持，使得这一商业模式变得更加可行和高效。那么，我们如何利用信息差，通过跨境电商实现盈利破局呢？

希音（Shein）是一家中国跨境电商平台。或许在国内，它的知名度并不高，但在海外许多国家，希音都占据了巨大的市场，是近年来崛起的跨境电商巨头。希音通过精准的市场定位，锚定了女性"快时尚"这个板块，以自主设计的时尚女装为主营业务，重点发展欧美、中东等市场，实现了盈利的爆发式增长。

希音的聪明之处在于它充分利用了国内外市场的信息差，利用中国制造业的优势，通过互联网电商平台将国内低成本生产的时尚服饰、鞋包销售到全球市场。由于希音的产品价格相对低廉，但款式新颖，因此深受海外年轻消费者的喜爱。通过这种方式，它在国内外市场之间找到了巨大的价格差异和需求差异，从而获得了丰厚的利润。

同时，希音依托高效的国际物流网络，确保产品能够快速送达全球消费者手中。公司与多家国际快递公司合作，建立了覆盖全球的物流网络。通过优化物流流程和提高配送效率，它能够在短时间内将产品送达消费者手中，从而提升用户体验感和满意度。此外，希音也通过建立海外仓库，进一步缩短配送时间，降低物流成本。通过这些策略，它成功利用国内外市场的信息差，实现了跨境电商的盈利破局，成为全球时尚电商领域的领导者。

希音的成功展示了跨境电商在利用信息差实现盈利中的巨大潜力。对企业来说，想持续增长，就要不断在商业市场中创新，寻找新的机会，而跨境电商就是互联网电商这个"红海"中的新市场，值得我们大胆尝试，利用海内外信息差来获取利润。

1. 进行市场调研，寻找信息差

企业在进入跨境电商市场之前，首先需要进行详细的市场调研，寻找国内外市场之间的价格差异和需求差异。对市场背景有所了解很重要，因为跨境电商的本质还是"低买高卖"，只是将经营范围扩大到了全球。如果企业经营的是物美价廉的制造业产品，或者精美的手工艺品，那么国内就有更多的产业优势，而销往海外产品定价会更高，因此这些产品适合在国内制造、海外营销；如果企业从事品牌代理、经营文创 IP 产品，借助的是海外品牌或者项目的影响力，而国内的市场会更广阔，就要在海外采购、国内销售。

有时候，一些产品或项目较为成熟，海内外的制造端和市场端几乎没有信息差和价格差异。做这类产品的跨境电商，显然没有太高利润，所以我们需要进行市场调研，仔细辨别并寻找机会。

2. 利用互联网电商平台进行销售

互联网电商平台为跨境电商提供了便捷的交易渠道，当我们进行海外销售时，首先要选择合适的跨境电商平台，如亚马逊、eBay、AliExpress 等。我们需要根据产品的体量、公司的性质选择合适的平台，因为这些因素也会影响产品的销量。现在，海外版抖音"TikTok"的直播带货也是一个非常火热的销售渠道，它结合了直播和跨境电商两个创新点，尤其适合国内商家开展跨境业务。

某跨境电商企业在 TikTok 上推广自己的"魔法杯"产品，这是一种具有智能温度感应功能的杯子，当倒入不同温度的水时，杯子外壁就会变色，显露出不同图案，同时还有一个屏幕显示水温和喝水量，帮助我们记录自己喝了多少水。这种杯子在国内早就不再稀奇，但是在海外还是一个新鲜产物，甚至还没有打开市场。

所以，该企业瞄准了这个信息差，在 TikTok 上进行推广，发布了"#Magic Cup Challenge"的挑战。用户购买了魔法杯之后，只要拍摄自己使用它的视频并带上这个挑战话题，就可以参与活动。所有参加活动的用户，都能获得不同程度的优惠或者奖励，这就鼓励了大家在平台上进行分享，而分享的过程又让更多人知道了这款产品，不断给该跨境电

商的独立网站引流。该企业就用这种方法，将自己运营的"魔法杯"推
广了出去，在平台上爆卖数十万件。

利用平台的优势和各个电商平台的特点，我们要针对性地调整自己的
营销方式，比如在 TikTok 上的营销就强调和用户的互动，而挑战话题的
形式也是该平台特有的一种曝光方式。所以，销售的方案一定要灵活，要
贴合平台的风格，才能将平台流量转化成我们的订单。

3. 建立高效的供应链和物流网络

高效的供应链和物流网络是跨境电商成功的关键，企业可以通过与多
家供应商和物流公司合作，建立灵活高效的供应链和物流网络。例如，如
果经营的是一家服装公司，可以与不同的厂家合作，确保产品的稳定供应。
同时，还要注意建立物流网络，这是跨境电商的关键。可以说，物流决定
了跨境业务的生死。企业通过与国际快递公司合作，可以利用它们覆盖全
球的物流网络，确保产品快速送达海外消费者手中。如果想进一步提升物
流效率，在业务达到一定体量后，公司还可以考虑在主要市场建立海外仓
库，以缩短配送时间，降低物流成本。

通过这些具体的措施，企业和团队可以有效利用信息差，通过跨境电
商实现盈利破局，推动企业的持续增长和全球化发展。

第三节

AI 时代，如何利用技术推动增长

■ ■ ■

在人工智能（AI）技术迅猛发展的今天，企业面临着前所未有的机遇和挑战。通过先进的 AI 技术，企业可以大幅提升业务效率、降低运营成本，还能优化内部流程，或者提供新颖的消费者体验，推动企业的持续增长。

"小爱同学"是小米公司推出的智能语音助手，它集成在小米的多种智能设备中，如智能手机、音箱和家居设备等，在帮助小米实现智能家居领域的布局上起到了至关重要的作用。

通过深度学习和自然语言处理技术，"小爱同学"能够理解和响应用户的语音命令，实现智能控制、信息查询和个性化服务。比如，用户可以通过语音命令，让"小爱同学"控制家中的智能设备，只要说一声"小爱同学，打开客厅灯"，系统就会理解命令并自动打开客厅灯，让用户体会到"言出法随"的神奇感受。这不仅提高了用户的生活便利性，也增强了人们对小米生态系统的黏性，让大家更愿意购买小米生态系统的产品，以实现家用电器一体化控制。

此外，"小爱同学"还可以提供 24 小时的智能客服服务，解答用户的常见问题，这也能提升消费者的满意度和忠诚度。

小米通过"小爱同学"这一智能助手，成功展示了 AI 技术在提升用户体验、优化产品和服务方面的巨大潜力。对我们来说，合理利用 AI 技术，可以对公司运营、产品开发和消费者服务等方面起到正面影响，提升工作效率和质量。

1. 利用 AI 生成软件优化内容创作

企业可以利用文心一言、ChatGPT 等文字生成软件，提高内容创作的效率和质量。例如，当我们经营电商公司时，需要运营自己在各个平台的宣传账号，也要对店铺的产品描述等进行编辑优化，就可以先使用 ChatGPT 生成对产品的初步描述、博客文章和社交媒体内容，再进行人工修正润色，这样能节省不少时间。通过输入一些关键词和基本信息，AI 可以快速生成高质量的文案，减少了人工创作的时间和成本，也能给创作者提供一些灵感。此外，AI 生成的软件还可以根据不同受众和市场特点，定制个性化的内容，提高营销效果。

2. 利用 AI 图像生成工具提升视觉营销

视觉营销在吸引消费者注意力方面至关重要，企业可以利用 AI 图像生成工具，快速创建高质量的产品图片、广告海报和社交媒体视觉内容。比如，当我们给自己的产品拍摄了一组展示图，还想增加其他风格或不同背景时，就可以通过 AI 图像生成工具对图片进行微调。AI 图像生成工具能帮助企业轻松展示产品不同的搭配和使用场景，而不用像以前一样多次拍摄大量素材，这不仅节省了摄影和设计的成本，还能快速响应市场变化，推出新颖的视觉内容，吸引更多消费者。

3. 利用 AI 聊天机器人进行消费者服务

使用 AI 聊天机器人可以显著提升消费者服务的响应效率，处理一些简单、流程化的问题时也不容易出错，从而提高消费者的满意度。企业可以设置 AI 聊天机器人，提供 24 小时的消费者支持，解答消费者的常见问题，从而大大节省人工客服的成本。

但要注意的是，如果业务对客服的依赖比较大，一定要保留足够的人工客服，以处理消费者的个性化问题。AI 聊天机器人能帮助我们减少人工成本，但不能完全取代人工，我们仍需要有人来灵活处理消费者的特殊问题，这样才能避免产生售前、售后的麻烦。

4. 利用 AI 数据分析优化业务决策

数据分析是提升业务决策科学性的关键，企业可以利用 AI 数据分析工具，挖掘销售数据、市场趋势和消费者行为，优化业务决策。

某餐饮连锁企业引入了大数据服务来分析销售情况，通过对当月的连锁店出餐、客流量数据进行分析，了解哪些菜品最受欢迎、哪些时段客流量最大，从而调整菜单和运营策略。比如，在客流量大的时间段到来之前，做好备餐工作，可以有效地缩短客人点单之后的等待时间，不仅让客人更满意，还减少了整体用餐时间、提高了翻台率，让企业当月的销售额增加了 7% 以上。

对我们来说，AI 技术的发展意味着巨大的挑战，很多原有的模式都将会打破，过去的经验可能难以参考。但挑战也意味着机遇，如果我们能在技术应用上保持领先，就能更早地抢占先机，提升效率，实现破局突围。

第四节

产品"全家桶"：构建品牌生态系统

∎ ∎ ∎

当下，企业不仅需要推出优质的单品，还需要构建一个完整的品牌生态系统，通过"全家桶"产品策略，增强用户的黏性和依赖性。"全家桶"产品策略，是指企业推出一系列互相关联、互相补充的产品和服务，从而形成一个闭环的生态系统。这种策略不仅可以提升用户体验，还能加固品牌"护城河"，提高品牌竞争力，实现盈利破局。

腾讯公司是构建品牌生态系统的典范，其生态系统以微信和QQ为核心，延伸至腾讯视频、腾讯音乐、腾讯游戏、腾讯云等多种产品和服务。用户在使用微信和QQ的过程中，可以无缝跳转和访问腾讯的其他服务。例如，用户可以通过微信支付完成购物、缴费等，通过腾讯视频观看最新的影视剧，在腾讯音乐收听海量音乐，再将自己喜欢的音乐、视频转发分享到微信中与朋友交流，从而实现了一种生态闭环。

此外，腾讯还通过微信和QQ的小程序，进一步丰富了其生态系统。

小程序无须下载和安装，用户可以通过微信和QQ直接访问各种应用，如购物、外卖、打车、金融等服务，甚至查询自己的保险、公积金，访问政府的在线服务窗口。这不仅增加了用户对腾讯产品的依赖性，还为腾讯带来了持续的流量和收入，也养活了许多入驻小程序的团队。

腾讯的生态系统形成了强大的品牌"护城河"，用户一旦进入其中，就很难离开，因为他们已经习惯了产品之间的无缝连接和优质体验。这种依赖性使得腾讯在市场竞争中始终处于有利地位，并实现了持续的盈利增长。

腾讯通过构建一个完整的品牌生态系统，成功增强了用户的黏性和品牌的竞争力，使自己立于不败之地，也展示了"全家桶"产品策略在市场突围中的巨大潜力。资源有限的小企业也可以借鉴这种思路，构建自己的小型生态系统，增强竞争力。

1. 识别核心产品，扩展相关产品线

企业可以从识别自己的核心产品开始，逐步扩展相关的产品线，最终形成一个小型的生态系统。腾讯的所有生态链产品，都是依托和围绕微信与QQ两个聊天平台建立的。尽管即时通信平台并不直接创造收益，用户也可以免费使用它们，但它代表了海量的用户群体和曝光。基于这两个核心平台发展的任何产品，都天然具有巨大的曝光量，能轻松地将用户转移到自己的新产业中。所以，我们也要找到自己的核心产品，围绕它来建立相关的产品线，打造产业生态系统。

比如，经营咖啡的企业可以将核心产品定义为咖啡豆，然后扩展到咖啡机、咖啡杯、咖啡滤纸等相关产品，这样，用户在购买咖啡豆时，就可

能会产生一系列需求，更容易产生购买转化；同时，用关联度高的产品线来强化用户对品牌的认识，让人们更强烈地意识到这个品牌和咖啡的深度绑定，也有助于宣传品牌。

2. 提供互联互通的服务

除了硬件产品，企业还可以提供互联互通的软件和服务，增强用户的黏性。一方面，有了软件和配套服务，硬件产品更容易操作，能降低消费者的使用门槛，打消大家的购买顾虑；另一方面，如果软件和服务做得好，也能成为一大特色，甚至成为消费者选择自家产品的重要原因。这也是多方面增强企业自身产品竞争力的方法。

> "××光学"是一家国产的科研仪器公司，主要经营一些自己研发的光学平台，供研究所或测试公司使用。一开始，该仪器公司主要提供硬件产品，比如自己研发的光学仪器或者组件，消费者购买之后，需要手动操作调整，或者自己写代码，进行软硬件转换。一段时间后，不少消费者就提出了要求："你们的平台很好，但是操作门槛太高了，我们的工程师不会用，培养起来太麻烦。"
>
> 于是，该仪器公司开发了自己的配套软件，并增加了更加完备的售后服务，在产品销售之后给消费者方的工程师进行课程培训，保证消费者能顺利使用他们的软件和产品。由于这家仪器公司的硬件系统都是自研的，配套软件也比较有创新性，因此很快就成了行业标杆。不少工程师在入门时就学习了他们的软件和系统，对他们的产品生态十分依赖，所以后续也一直采购他们的产品。

提供互联互通的服务，目的其实是教育和培养用户，让用户适应并习惯我们的产品，自然不容易快速切换到其他产品线，也就奠定了市场优势，甚至是在行业中的话语权。

3. 建立合作伙伴关系，丰富生态系统

有时候，小企业的体量有限，很难单靠自己建立完整的生态系统，这时，可以通过建立合作伙伴关系来丰富自身的生态系统。例如，如果经营一个健康食品公司，就可以与健身房和运动软件合作，提供一系列互补的产品和服务。用户在购买健康食品的同时，可以获得健身房的优惠券、运动软件的会员资格；同样，在访问软件时，用户也可以看到健康食品的推送与购买链接；而在健身房内，也可以看到有关健康食品的宣传。这种合作不仅可以提升用户的整体体验，还能为企业带来更多的消费者和收入，但也不构成竞争关系。

通过这种"全家桶"式的产品策略，即使是小企业也可以构建自己的品牌生态系统，增强用户的黏性和品牌的竞争力。破局，就是要想别人所不能想，做别人所不敢做的事。在创新上走在前面，才能在盈利上快人一步。